中华先烈人物故事汇

张觉和赵云霄

主编 张树军

副主编 王相坤

编著 徐嘉

学习出版社

目　录

Contents

引　子

陈觉（1907—1928），原名陈炳祥，号秉强，湖南醴陵人。1907 年出生于湖南醴陵泗汾镇陈家垅。1922 年秋进入醴陵县立中学学习。1923 年在校期间参加“社会问题研究社”，并担任《前进》周刊主编。1924 年冬加入社会主义青年团，任醴陵县学生联合会负责人。1925 年春加入中国共产党。1925 年秋，受党组织派遣赴苏联莫斯科中山大学学习。1926 年，与赵云霄结为夫妻。1927 年 9 月回国，到湖南从事党的秘密工作。1927 年 11 月起，先后任湖南省委特派员、醴陵县委常委等职，参与发动醴陵暴动、建设醴陵苏区等工作。1928 年 4 月，调往常德，参与湘西特委工作。同年 9 月，由于叛徒告密，在常德被捕。1928 年 10 月 14 日在长沙英勇就义，时年

21 岁。

赵云霄（1906—1929），原名赵凤培，河北阜平人。1924 年 9 月考入直隶第二女子师范学校，同年冬加入社会主义青年团。1925 年夏，加入中国共产党。同年秋，受党组织派遣到苏联莫斯科中山大学学习。1926 年，与陈觉结为夫妻。1927 年 9 月回国，到湖南从事党的秘密工作。1927 年 11 月起，参与发动醴陵暴动、建设醴陵苏区等工作。1928 年 4 月调回长沙，任湖南省委机关联络员。同年 9 月，由于叛徒告密，在长沙被捕。1929 年 3 月 26 日在长沙英勇就义，时年 23 岁。

陈觉在就义前，给妻子赵云霄留下一封诀别书。其中饱含着一位革命志士宁为玉碎、不为瓦全的英雄气概，一位丈夫对相濡以沫妻子的款款深情，以及一位游子对父母无限的感激和思念。赵云霄给襁褓中的女儿写下感天动地的遗书从容赴死，这是一曲人间母爱的滴血绝唱，是共产党人面对死亡的从容淡定和献身精神。

陈觉和赵云霄的诀别书，贯穿着同样的信

念，就是牺牲个人，献身革命，为国家、为民族不计自己和家庭的得失。他们的故事无时无刻都在提醒着后人：有一种人生、有一种爱情，叫作誓死跟自己深信不疑的事情休戚与共。

01 觉醒的新青年——陈觉

湖南醴陵，早在春秋战国时期，便以稻米酿酒而著称于世，故以醴为名。历史上，醴陵还盛产花炮和瓷器。其地扼守湖南省东部门户，紧靠罗霄山脉北段西沿，湘江支流渌水蜿蜒而过，南北通衢，交通便利。醴陵人杰地灵，近代以来名人辈出。李立三、左权、耿飚、宋时轮等老一辈无产阶级革命家及程潜、陈明仁等爱国将领都成长于这片热土。本书的主人公之一——陈觉烈士，也是从这里走向救国救民道路的。

五四浪潮

陈觉，原名陈炳祥，1907 年 2 月 5 日生于湖南醴陵泗汾镇陈家垅一户地主家庭。陈觉家境富裕，父亲陈景环盼儿子出人头地，光宗耀祖，从小便给他提供了良好的教育条件。7 岁时，他进入泗汾镇崇德宫小学读书。在泗汾河畔，他在家庭的呵护之下，无忧无虑地读完 5 年初小。1919 年年初小毕业之后，陈觉来到东富乡刘遇公祠的私塾补习了半年。从这时起，步入少年时代的陈觉，开始关心时政，关注周围苦难深重、饱受压迫的贫苦群众。

五四运动前后的醴陵，因有粤汉、株萍铁路和湘江过境，较早便受到帝国主义的渗透和影响。1904 年，清政府迎合英国要求，开长沙为商埠后，帝国主义势力便直接侵入醴陵，进行文化侵略，掠夺自然资源、工业原材料，倾销产品。1905 年，美国人来到醴陵，传播基督教，建立

“福音堂”，并先后开设亚细亚、太古、德士古3家煤油公司和其他商号。1915年，当醴陵的“釉下五彩扁豆双禽瓷瓶”在美国旧金山“巴拿马太平洋万国博览会”与著名的贵州茅台酒一同获金质奖章时，更多的醴陵人却并没有从中获得喜悦。那时，醴陵县内湘江、渌江交汇处的渌口镇，“各国兵轮”络绎不绝，“游弋自如”。一时间，美国、日本、英国、德国的商品大量涌入，充斥醴陵城乡，挤压醴陵夏布等本地商品的生存空间，导致农村手工业纷纷破产，小作坊、小工厂纷纷倒闭，手工业者纷纷失业。弱肉强食，民不聊生，越来越多的人民群众陷入困苦、窘迫之中。

当时的醴陵地区还饱受封建剥削、军阀倾轧、连年战乱之苦。占人口总数只有5%的豪绅地主，却占有全部土地的70%，土豪劣绅聚敛财富、吞并土地，广大农民濒于破产。北洋军阀统治时期，各路军阀多次在醴陵等地展开拉锯战，致使生灵涂炭，被杀害的无辜群众达2万余人，被烧房屋1.4万栋，受灾与外流灾民近30万人。特别是护法战争中，南军“首将城中财货钱帛，掳掠一空，复将房屋桥梁烧毁殆尽，杀伤遍地，血肉成丘”。其后，北军又进城，“重燃劫火，大肆诛屠，万家无雉堞之遗，四处有焦伤之骨。延烧十里，火达数朝……县城战事结束之后，仅余二十八人”。

短短数年里，年少的陈觉目之所及，往日的家乡已变得“繁盛街市烧毁殆尽”，“商务凋零，物景萧条”。在他彷徨困顿之际，远在北京爆发了五四反帝爱国运动。北京大学等13所大中专学校的学生3000余人，高喊“外争主权，内惩国贼”“废除二十一条”和“还我青岛”等口号，要求北京政府拒绝在巴黎和约上签字。北京学生的爱国运动迅速得到全国各地学生的声援和社会舆论的支持。烈火一经点燃，便孕育着燎原之势。运动所掀起的浪潮，迅速波及湖南省会长沙以及湘东小城醴陵。潘疆爪、周不论、张子意、李欣淑等在长沙读书的爱国学生，回到醴陵组织队伍，进行爱国宣传活动，成立“国货维持会醴陵分会”。他们在县城北门天符庙组织群众演讲大会，遵道会中学学生张策勋在台上历陈国耻，放声痛哭，为唤醒仍在沉睡的群众，“语至此，即自将右手中指咬破，蘸血书‘毋忘国耻’四个大字。血喷涌从指端出，鼓掌之声直振屋瓦”。

链　接

护法战争：1917 年 7 月至 1918 年 5 月，以孙中山为首的资产阶级革命党人为维护临时约法、恢复国会，联合西南军阀共同进行了反对北洋军阀独裁统治的斗争。段祺瑞控制的北洋军阀政府为夺取湖南地盘，与孙中山的护法军政府进行了激烈战争，醴陵等地是这场拉锯战的主战场之一。

新思想的浪花

少年陈觉，虽尚在私塾之内苦读备考，但社会思潮的剧烈变动与爱国运动的此起彼伏，不可避免地对他的生活和心灵造成影响。经过五四爱国运动，中国人民有了新的觉醒。特别是青年中的一批先进分子，以救国救民、改造社会为己任，重新考虑中国的前途，探求改造中国社会的新方案。当时，醴陵的进步学生组织演讲小分队，分派演讲员赴各乡镇讲演，提倡追求真理、思想进步，极力主张反对旧道德提倡新道德，反对旧文化提倡新文化，抨击禁锢人们思想的封建文化、教育制度和教学方式，帮助人们打破封建礼教习俗和封建专制主义的牢笼。

也就是此时，陈觉第一次听说了“德先生”和“赛先生”，他刚刚萌芽的心灵，也扬起了新思想的浪花。1920 年秋，他考入醴陵县南二区西塘寺高小。学校设在西塘寺，该寺始建于唐代，千百年间香火不断。陈觉读书时，经常能看见寺里的和尚，终日烧香拜佛、参禅悟道。少年学生对新鲜事物天性好奇，一些学生见和尚们终日端坐，口中不断念着“阿弥陀佛”，便总是掩口而笑。另一些信佛的学生见了，便总是出来制止呵斥，声称如此将惹怒菩萨，使学校有大祸降临。一来二往，学校里便渐渐形成“有神论”和“无神论”两派，双方各执一词，唇枪舌剑，然而谁也说服不了对方。

陈觉身在其中，对菩萨佛祖、因果报应等宗教现象也有自己的理解和判断。他相信科学，不信鬼神轮回之说。为了证明自己的观点，说服信佛的同学，他便想以自己的方式来证明。一天，他趁和尚们外出活动，便邀请几个信佛的同学一同来到佛堂。佛堂中有十余尊菩萨像，信佛的同学见了，便拜倒在地。此时，陈觉拿起和尚每日敲的木鱼，"咚咚咚"地敲了起来，面露得意之色。正在拜佛的同学见了，吓得连忙制止陈觉，说道："快放下！菩萨显灵了，你就会肚子痛。"

话音刚落，只见刚才还一脸得意的陈觉，忽然表情痛苦，似乎腹中剧痛。陈觉捧着肚子，一边喊痛，一边跑出佛堂。他蹲在草坪上，痛苦得直打滚。越来越多的学生，听到动静，都闻声而来，围观陈觉的窘态。许多信佛的学生扬扬得意，颇有幸灾乐祸之态，嘴里喊着："陈觉，你快向菩萨磕头悔罪，也许菩萨能放过你。"一些持"无神论"的学生也不甘示弱，替陈觉辩解道："他可能是刚吃过饭，走得急了，所以才肚子痛。"

两方交锋，眼看"有神论"一派就要占据上

风。这时，躺在地上的陈觉忽然一跃而起，在大家面前蹦蹦跳跳。他笑嘻嘻地说：“我晓得你们又要说神道鬼了。菩萨是木头的，能显什么灵？这下你们输了吧！”当时的陈觉，虽然阅历少、认识朴素，却勇于追求真理，拥抱新思想，反抗封建旧思想的枷锁，也乐于影响感染身边的人，帮助更多的人走出迷雾。

恰同学少年

1922 年秋，15 岁的陈觉以优异的成绩考入醴陵县立中学学习。醴陵县立中学是湖南省内一所著名的学校，它的前身是始建于宋代的渌江书院。渌江书院是远近闻名的“名教乐地”，清末洋务派和湘军领袖左宗棠曾任渌江书院山长。1904 年，渌江书院易名渌江学堂，次年，又更名为渌江中学堂。1919 年，在五四爱国运动的推动之下，渌江中学堂正式改名为湖南省醴陵县立中学。

醴陵县立中学地处醴陵城西山腰，渌江从旁悠悠流过，依山傍水，校园内古木参天，绿林幽深。陈觉入学之初，正值金秋时节，举目四望，红枫绿水，渔舟白帆，宛若置身画中。这里不仅景致令人目酣神醉，而且学风浓郁、校规严谨，“西山正学”遗风尚存。同时，学校风气开化，“以新学命题”，授课教师多从美国、日本等地留学归国，教学内容活泼，教学方法新颖，力求学生对知识融会贯通，并不强求学生死记硬背。

开学后，陈觉被编入第九班，同班同学中有蔡申熙、左权、宋时轮等。他们志同道合，相交日笃，不仅在学习上互相帮助，有时还一同攀登西山高处，俯瞰县城，交流救国救民、改变民族命运的看法。在进步教师、校庶务主任孙小山的影响下，他们一起阅读《向导》《新青年》《解放》等进步刊物，以开阔视野，接受新思想，学习新文化。

当时，李立三受毛泽东委派，前往醴陵附近的安源开展工人运动。他多次顺路回到家乡醴陵，以探亲访友为名，来到母校醴陵县立中学等地传播马克思主义。创办于 1922 年春的醴陵师范讲习所，是醴陵另一个思想解放的阵地。所长张啸春思想开明，富有改革精神。讲习所以孔庙为校舍，大成殿为教室，实行男女同校。同时，聘请新民学会会员、共产党员陈章甫以及冯又村等为教员，开设社会科学教程，讲授马列主义学说。他们还大量订阅《新青年》《解放》等刊物，革命气氛十分浓厚。9月，毛泽东、李立三指导安源路矿工人大罢工期间，曾一道来醴陵师范讲习所。毛泽东作了题为《阶级和阶级斗争》的长篇演讲，用马克思主义理论与俄国十月革命的实践，号召大家学习马克思主义，团结起来，参与革命斗争。他说："人类的分野，就是分为剥削者和被剥削者，统治者与被统治者，革命者与被革命者，是没有中间路线可走的……"这些，都为今后醴陵发展党团组织做了准备，也令陈觉等爱国进步青年深受启发。

在醴陵热烈、浓厚革命氛围中不断成长的陈觉，深深感觉到自己的精神世界仿佛被打开了一扇通向光明的窗户，他将自己原来的名字"陈炳祥"改为陈觉，号秉强，以此表明自己是一个觉醒了的青年，立志为中华民族的富强而努力奋斗。

链 接

蔡申熙（1906—1932），中国工农红军高级指挥员，军事家。湖南醴陵人。1920 年入醴陵县立中学读书，其间组织参加“社会问题研究社”。1924 年考入黄埔军校第一期，同年加入中国共产党。毕业后，先后参加北伐战争、南昌起义、广州起义。1931 年 5 月任鄂豫皖中央分局委员、鄂豫皖军事委员会参谋长等职。1932 年 10 月 9 日在湖北黄安河口镇壮烈牺牲，时年 26 岁。

左权（1905—1942），中国工农红军和八路军的高级将领，无产阶级革命家、军事家。湖南醴陵人。1925 年加入中国共产党。1933 年 12 月任红一军团参谋长。1934 年参加长征。1938 年 12 月任八路军前方指挥部参谋长。1942 年 5 月，指挥部队掩护中共中央北方局和八路军总部等机关突围转移时，不幸牺牲，时年 37 岁。

宋时轮（1907—1991），湖南醴陵人。1925年入黄埔军校学习。1927年转为中国共产党党员。曾任雁北支队支队长兼政委、八路军第四纵队司令员，率部开辟雁北抗日根据地。解放战争时期，曾任解放军第九兵团司令员、淞沪警备区司令员。1950年参加抗美援朝，参与指挥上甘岭等战役。1955年被授予上将军衔。1991年9月17日逝世，时年84岁。

孙小山（1891—1928），字崇铎，号正梅，湖南醴陵人。早年曾加入同盟会，投身革命。1924年加入中国共产党。1925年冬，任中共醴陵地方委员会委员，分管农运。1926年7月，任醴陵县农民协会委员长。马日事变后，任湘东赣西工农义勇军党代表。1927年9月12日，参加秋收起义。后因旧病复发，留在家乡养病，并坚持地下斗争。1928年4月23日被捕，当日就义于醴陵状元洲，时年37岁。

“社会问题研究社”

在五四运动和俄国十月革命的影响下，一大批中国先进知识分子努力学习马克思主义，深入工人群众，参加实际斗争，在思想感情上发生深刻的变化，逐步锻炼成无产阶级的先锋战士，把马克思主义作为毕生的信仰。同时，中国工人阶级的成长壮大，为马克思主义的传播提供了阶级基础，为中国共产党的创建准备了组织条件。许多在外求学的醴陵籍知识分子，纷纷回到家乡，组建革命社团，传播马克思主义，培养造就优秀人才，为地方党组织的建立做组织准备。

1922 年下半年，李立三来到醴陵县立中学，以中国社会主义青年团湘区执行委员会组织部主任的身份，介绍学生左之、吴章言、王德泉等加入青年团，并成立团小组，积极讨论国家积贫积弱、帝国主义侵略、习武救国、改造社会等问题。1923

年年初，在孙小山、左之的支持下，以陈觉、陈恭为首的青年学生成立“社会问题研究社”。首批参加的成员有左权、蔡申熙、宋时轮、王亚文、肖石朋等 20 多人。

“社会问题研究社”成立后，向学校借了一间屋子，作为固定的社址，每周定期开展活动，有时还邀请孙小山等进步教师一同参加。在研究社里，大家如饥似渴地秘密阅读《马克思主义浅说》《共产主义 ABC》《社会发展史》《向导》《新青年》等进步书刊。社员们以阅读书报所得，发表对时政的见解和看法，抨击军阀政治和社会黑暗，在畅所欲言、各抒己见的同时，大家对改造社会的思想认识都有了很大的提高。对于讨论中共同关心的问题，大家将颇有见地的宏论整理结集，以“社会问题研究社”的名义，刊印在内部刊物《前进》油印周刊上，供更多的同学阅读。大家普遍反映，《前进》周刊有思想见地、知识面广、趣味性强、内容丰富，对宣传革命理论，提高大家的思想觉悟，吸引更多的人走向革命道路，发挥了很大的作用。

陈觉自告奋勇，担任《前进》周刊的主编。他精力充沛、斗志昂扬，常常看书编文章到深夜，有时甚至通宵达旦，白天却仍然照常上课、毫无倦意，课业也始终名列前茅。陈觉还兼管研究社的账目，每月定期公布明细。当时，研究社的文具油印等日常开支费用，由社员自动捐助，每当有入不敷出时，陈觉便从家里拿钱来补贴。通过在研究社的相处，同学们都对陈觉的处事沉稳、高见远识、干练无私，感到由衷的敬佩。

社员们除了内部学习讨论，还在学生中积极组织宣传马克思主义、进行爱国主义教育、动员参与反对教会的斗争。通过这些活动，陈觉和大家都增加了对俄国十月革命的兴趣，认同暴力革命、阶级斗争是解决当时中国的问题、拯救民众于水火的不二良方。社员宋时轮在多年后曾回忆道："当时帝国主义侵略日益彰明显著，国内军阀横行无道，压迫剥削有加无已，反帝运动逐渐高涨，反对军阀特别是反对北洋军阀的思想情绪日益普遍到各个角落。在我各种各色的幻想遭到社会的实际教训后，自觉与不自觉的思想情绪下，逐渐卷入反帝国主义的爱国运动的烈火中，乃参加了醴陵县立中学社会主义的研究社，开始阅读各种社会主义的书籍——《向导》《新青年》《社会科学的体系》《共产主义ABC》等，这样使我的思想被反帝浪潮卷住了，逐渐滋长着共产主义的思想。”

在社会主义、共产主义思想的启蒙下，伴随年龄和知识的增长，社员们对社会上的各种落后思想和丑陋行为产生不能抑制的愤怒。他们常组织起来，团结进步学生，走出书斋，以实际行动进行坚决斗争。一次，他们发现当地的一个叫陈镜涌的财主来到学校一位教师的家里，躺在床上抽鸦片烟。他们带着一些同学，闯进该教师家中，将所有的烟具全部销毁，当场训斥抽鸦片者。与此同时，他们还义正词严地批评该教师说：“‘万世师表’，你没有做到，有愧于先生的称谓。”他们还以毫不妥协的姿态，“自觉地、积极地参加学校与社会各种反帝、反旧文化、反基督教、反对学校贪污的社会活动”，在反对县立中学校长杨人杞的贪污受贿的运动中，有几名社员甚至被开除了学籍。

链 接

陈恭（1905—1928），湖南醴陵人。1923年加入共产主义青年团。1924年10月考入黄埔军校，同年年底加入中国共产党。1926年7月参加北伐战争。1928年1月，代理湖南省委军事部长。1928年4月12日在醴陵县城就义，时年23岁。

加入中国共产党

通过自发的理论学习和斗争实践，“社会问题研究社”的大部分社员初步确定马克思主义信仰，主张无产阶级革命。他们急切地需要找到坚强、有力的党组织，带领大家走向正确的方向，真正踏上革命的道路。恰在此时，醴陵籍共产党员汪泽楷于1924年8月从莫斯科回到长沙，协助中共湘区委员会书记李维汉开展工作。李维汉安排汪泽楷担任中共安源地委书记，兼顾醴陵等地党的工作，主要任务有：一是发展党的组织；二是帮助组建国民党组织，建立统一战线；三是开办工人夜校，组建工会；四是开展农民运动，建立工农联盟；五是组织民众开展反帝斗争。

1924年10月，汪泽楷来到醴陵，通过私人关系到县立中学任教。他以教师身份掩护，秘密物色、考察有入党意愿的先进知识分子，先后发展了孙小山、李石溪、王力天、陈恭等10多名青年师生入党。11月，中国共产党醴陵特别支部正式成立，隶属中共安源地委领导，由李石溪任书记。在孙小山的帮助、介绍下，许多"社会问题研究社"的社员，先后被吸收加入了党团组织。陈觉不仅加入了社会主义青年团，而且还被选为新成立的醴陵县学生联合会的负责人。他在青年团醴陵支部的直接领导下，积极团结、动员全县学生，投入轰轰烈烈的大革命运动。

大革命是中国共产党参与领导的一场以工农民众为主体的，包括民族资产阶级和上层小资产阶级在前期都曾积极参加的人民革命运动。它以与辛亥革命完全不同的形式和规模，在中国辽阔的大地上掀起了翻天覆地的狂飙，使民主革命思想在全国范围内得到空前的传播，产生了巨大革命影响。

陈觉受大革命的鼓舞，积极参与其中。在他的带领下，县学生联合会组织学生，组成宣传小分队下乡开展宣传工作。他们张贴爱国进步标语，高呼反帝反封建口号，排演现代戏，办农民夜校，书写墙报，教唱革命歌曲，还利用群众赶集的机会在集市公开演讲，宣传革命道理。他们通过各种宣传手段，揭露帝国主义的侵略罪行，揭露土豪劣绅压迫剥削人民的手段与罪恶，揭露反动军阀、贪官污吏连年混战、横征暴敛给人民群众带来的痛苦。他们高呼“打倒军阀”“打倒贪官污吏”“打倒土豪劣绅”“国民革命万岁”“一切权力归农会”等口号，动员群众参加国民革命、打倒土豪劣绅、消灭封建宗法势力，使许多群众深受教育，提高了阶级觉悟和革命热情，有力地配合了当地党组织领导的革命的发展。

陈觉还领导县学生联合会，与数个邻县学生联合会一起，在党的领导下，组织实施县城学生总罢课，抗议帝国主义的文化侵略。一时间，醴陵千余名学生上街游行示威，将所有县城的外国传教士、教会学校的外籍教师以及品行不端的外籍医生，驱赶离境。与此同时，他们还领导全县的青年学生，将大批 10 岁至 15 岁的少年儿童组织起来，成立儿童团或童子团，协助北伐军、工农武装站岗放哨，盘查敌人，巡查监视烟馆赌场。可疑人士及贩烟赌博行为一经发现，便立刻报告农民协会进行处理。

在轰轰烈烈的大革命洪流中，陈觉经受了革命斗争的考验和实践的锻炼。1925 年春，中共醴陵特别支部决定将部分优秀团员转为党员。入团以来，陈觉工作扎实，表现优异，得到醴陵党团组织的充分肯定。在孙小山和陈恭的介绍下，他光荣地加入了中国共产党。到了这一年的夏天，陈觉从醴陵县立中学毕业。9 月，他又受党组织选派，赴苏联留学。就这样，18 岁的陈觉与同学王希闵一道，第一次离开家乡醴陵，踏上学习知识、寻求真理的新征途。

陈觉等出发北上后不久，1925 年 10 月，经中共湘区委员会批准，中共醴陵特别支部改为中共醴陵地方执行委员会，代号“吕迪芳”，直属中共湘区委员会领导，由罗学瓒任书记。中共醴陵地委是湖南省大革命时期 15 个地委中最早成立的地委。由于醴陵县群众基础好，干部准备充分，党的建设在大革命时期迅猛发展。至 1927 年 5 月“马日事变”前，共建立 15 个区委、110 个支部，党员发展至 1800 余人，成为全湖南省党组织发展最快、党员人数最多的县份之一。

链 接

汪泽楷（1894—1958），湖南醴陵人。1922 年加入中国社会主义青年团。1923 年转为中国共产党党员。1924 年回国。1924 年 10 月至 1925 年 9 月任中共安源地委书记。1928 年 5 月赴苏联莫斯科出席中国共产党第六次全国代表大会。1929 年 11 月被开除党籍。新中国成立后，任武汉中南财经学院教授、综合资料室主任。1958 年 12 月在湖北潜江逝世，时年64岁。

李维汉（1896—1984），湖南长沙人。1922年年底，由毛泽东、蔡和森介绍加入中国共产党。1923年4月，任中共湘区委员会书记。1927年7月，任临时中央常委。1937年3月，任中央群众工作委员会书记。1948年，任中央统战部部长。1982年，被选为中央顾问委员会副主任。1984年8月11日在北京逝世，时年88岁。

马日事变：1927年5月21日晚，驻守长沙的武汉国民政府部分军队，在反动军官许克祥率领下捣毁了湖南省总工会、省农民协会、农民讲习所等中共控制的革命机关、团体，解除工人纠察队和农民自卫军武装，释放所有在押的土豪劣绅。事变中，共产党员、国民党左派及工农群众百余人被杀害。“马日事变”严重地摧残了湖南的党组织和工农群众团体，是湖南的大革命由高潮走向低潮的转折点。

02 为真理投身革命的赵云霄

河北阜平，地处河北省保定市西部，太行山中北部东麓，沙河由西北向东南横贯全县。县内地形复杂，山峦绵亘，沟壑纵横，属太行山山系。阜平虽为山区，但交通便利，县城距北京仅 350 公里，自古就有“冀晋咽喉”“畿西屏障”之称。

强烈的求知欲

民国以来，阜平所在的保定是北洋军阀直系首领曹锟的大本营。他坐镇保定，遥控平、津、直、鲁、豫等地，对北京政局直接起着重大的影响。黑暗的军阀混战使保定各处兵匪为患，民不聊生，人民灾难深重。曹锟不仅没有造福桑梓，反而纵容部下，不顾灾祸连年，强敛钱财，广征徭役，大兴土木，修建戏院、宾馆，供其享受。更有甚者，他们强占南关府河两岸 600 余亩沃土，修建规模宏大的“曹锟花园”。在曹锟 60 岁寿辰时，邀京、津戏剧界名伶来此唱戏，数日内花费重金 30 万之巨。

保定也是新旧势力交锋的重要舞台。以同盟会为代表的革命党人，在保定育德中学、农业学堂、甲种工业学校等处结成政治团体，联络京、津等各地革命志士，频繁活动，策划革命运动，形成了很大的声势。

就是在这样的社会环境中，赵云霄出生、成长在保定阜平一个没落的知识分子家庭。赵云霄原名赵凤培，1906 年 12 月生。父亲赵吾川是清末秀才，民国成立之后，先后在河北省的平山、易县、怀鹿、磁县等地担任职员。母亲孟氏是一个中国传统的家庭妇女，共生育子女 7 人。赵家家道中落，人多田少，生活困难，仅仅依靠赵云霄的父亲兄长在外奔波忙碌赚钱，才可勉强度日。

赵云霄自记事起，便常常看到父母因生活艰难，为家庭琐事发生激烈吵闹。每次争吵后，母亲总是流泪哭泣，哀叹生活之艰辛，持家育儿之不易。赵云霄从小便很懂事，体谅家庭的困境，体恤父母的艰辛。她很早就一边帮助母亲操持家务，照看弟弟妹妹；一边在父亲的指导下，学文习字，背诵儒家经典。在她 11 岁的时候，县城南关开办了一所新式小学，她每天从小学旁经过，朗朗的读书声以及各种新奇的知识，总是激起她强烈的求知欲。她渴求能够像其他人一样入学读书，因此趁父亲在外工作之机，便偷偷将读书的愿望向母亲提出来。母亲生性温和，心疼女儿，然而又考虑到自己多病，家中贫穷，生活艰难，再加上赵云霄又是女孩，最初就没有应允她的请求。

阜平自古为燕赵属地，早在战国时期，便学风浓厚，私学兴盛，“从师”成为风尚。晚清以来，保定成为中国新式教育的兴起之地。清政府先后在此设直隶高等学堂、直隶农务学堂、直隶师范学堂、保定医学院、直隶法政学堂、法律学堂 6 所

高校，再加上在中国近代军事史上有重要地位的北洋速成武备学堂和保定军官学堂，保定高等教育有先声夺人之势。此外，保定学堂门类众多，大中小学、幼稚园及各类师范、女子、工商学堂，门类齐全。至 1910 年，保定各类学堂增至 40 余所，学生达 8000 余人。

遍地尚学之风，对年幼的赵云霄产生了极大的吸引力。她没有气馁，不愿放弃，于是反复恳求母亲送她上学。为此，她还答应只要父母同意她入学，便会努力学习，同时还承担家中更多的家务，为父母分忧。母亲是一个缠着小脚的农村妇女，善良朴实，乐于助人，坚强开朗，贤惠能干。她最终被女儿的诚心所感动，不忍其再伤心难过，便瞒着丈夫，偷偷典当了陪嫁的首饰，送赵云霄进入南关小学学习新知识。

赵云霄得到读书机会后，格外珍惜。她每天很早便起床，为母亲弟妹做好早饭。下午放学回家，放下书包，便替母亲挑水扫地。手里的事情一做完，就马上问：“妈妈，还有什么事要做？”晚饭之后，她才拿出书，在昏暗的油灯下温习功课，直至深夜。

日复一日，均是如此。她用功刻苦，勤学好问，一直是班上成绩最好的学生，深得老师的喜欢。母亲看在眼里，打心底心疼自己的女儿。她虽然没有见过世面，但思想开通，通情达理，易于接受新事物，因此，总是要赵云霄抓紧功课，继续读下去。

链　接

曹锟（1862—1938），河北保定人。民国初年直系军阀的首领。1923年10月5日，重金收买议员，贿选而被选举为第五任中华民国大总统。1927年，移居天津。1931年九一八事变后，拒绝日本出面组织新政府的要求。1938年5月17日因病逝世，时年76岁。

就读直隶第二女子师范学校

1922年，赵云霄的父亲在磁县谋得一个警察所长的差事，家中经济情况得到好转。赵云霄也随着母亲来到磁县，与父亲一同生活，继续上学。1923 年，她以优异的成绩从高小毕业。当时，她得知直隶第二女子师范学校招收公费生，可以免费上学，还有生活补贴。于是，赵云霄高兴地前去报考，很快她就收到了录取通知书。1924 年 9 月，满怀着对新知识、新思想渴求的赵云霄，进入直隶第二女子师范学校读书。

直隶第二女子师范学校 1906 年建于河北保定，初名直隶女学堂，是封建社会最早的女校之一。赵云霄之所以十分渴望进入直隶第二女子师范学校读书，除了因为师范生的免费政策之外，还因为当时的保定第二女子师范学校学生，在中国共产党的领导下发动了“罢课驱燕”运动，反对校长燕士奇的倒行逆施。运动宛如“死气沉沉的女教育界”里突然爆发的“一颗炸弹”，在教育界、妇女界产生了重要影响。对此，中国共产党的早期妇女运动领导人向警予盛赞道：“直隶第二女师全体同学为学问问题，人格问题，二百余人一起同心誓死奋斗，非将革新学校六条件完全达到决不罢休！这种反抗之精神，正义之主张，实为女子自身团结革新女子教育的第一声，在女子教育革新运动上具有伟大的价值。”

“罢课驱燕”运动的胜利，给直隶第二女子师范学校进步青年以极大的鼓舞。她们在斗争中经受了锻炼，看到了组织起来的力量，从而更加坚定了反抗封建反动势力的信心和勇气。运动的胜利也使校方大为震动，在政治上的限制有所放松，对学生们集会结社等进步活动也不敢贸然干涉。因此，运动过后的校园里，打碎了封建枷锁，一反昔日死气沉沉的面貌，师生感到从未有过的轻松，中国共产党的影响也随之深入到师生当中。

赵云霄正是在这样的政治环境中，进入直隶第二女子师范学校学习。她对未来充满憧憬，希望学习新知识、新思想，加入救国救民的队伍，改变国家民族的落后面貌。然而，入学不久她的家庭便遭受重大变故。父亲因为得罪上司，被打击报复，去职还家。家中一时失去经济来源，陷入前所未有的困难处境。赵云霄虽被免去学费，还有少量补贴，但自足尚难，还要补助父母弟妹，一时捉襟见肘，万分苦恼。

链 接

向警予（1895—1928），女，原名向俊贤，湖南溆浦人。1922年年初，加入中国共产党。1922年7月，当选中央委员。1925年，任中央妇女工作部部长。1928年3月20日，由于叛徒的出卖，在法租界三德里被捕。同年5月1日，英勇就义，时年33岁。

加入革命队伍

就在赵云霄陷入窘迫之际，同学中关系较好的李沛泽同情她的遭遇，无私向她伸出援手，从经济上帮助她。赵云霄对此感激涕零，与李沛泽之间的友谊也日渐加深。李沛泽是“罢课驱燕”运动中的学生骨干，经过斗争的洗礼和进步思想的熏陶，她流露出对现实的不满以及对美好社会的向往，并深深认识到：要自由，就必须进行斗争，要取得斗争的胜利，就必须依靠党的领导和社会各界的声援。因此，她对参加校外的社会活动产生了更加浓厚的兴趣，同时萌发了加入党团组织的愿望。在共产党员、进步教师王新帮的帮助下，她加入了社会主义青年团，后转为中国共产党员，并担任直隶第二女子师范学校的党支部书记。

直隶第二女子师范学校党支部共有党员 10 余名，是领导和团结学校进步学生及“意智社”“读书会”等进步社团进行革命活动的核心力量。在好友李沛泽的影响下，性格开朗、渴望进步的赵云霄很快走上了革命的道路。1924 年冬，她申请加入了社会主义青年团。在党团组织的领导下，赵云霄参加以进步社团名义召集的会议，与同志们一起阅读马克思主义著作，研究社会主义和社会革命等各项问题，并对当前的政治形势进行讨论。讨论中赵云霄踊跃发言，抒发自己的见解，有时还积极参与辩论。在这一过程中，她不仅锻炼了语言表达能力，还提高了政治理论水平。她十分喜欢党支部主办的进步刊物《赤光》。《赤光》以宣传新文化、新思想为主，同时转载反帝反封建的政治理论文章，还刊登一些同学们写的文艺小品，在学生中影响很大。在文艺活动中，赵云霄受党指派，带动进步学生抵制校方提倡的才子佳人、风花雪月的旧戏，排演了《山河泪》《逆子》等新戏，进行反封建的宣传。

在赵云霄确立共产主义信仰、寻找马克思主义真理，并决心为之奋斗终生的过程中，表哥王斐然对她产生了很大的影响。在直隶第二女子师范学校读书期间，赵云霄常与王斐然通信，交流对时局、人生、未来的看法。王斐然已于 1924 年加入中国共产党，他在思想上给予赵云霄很多帮助，赵云霄这个名字，也是王斐然帮助起的，寓意“冲破束缚、飞上云霄”。王斐然对赵云霄靠近党组织、学习马克思主义、参加爱国运动表示十分的欣慰，他在给赵云霄的信中曾经写道：“我希望你早日加入共产党。”以此鼓励赵云霄朝着远大的目标努力。1925 年，不断追求进步的赵云霄在直隶第二女子师范学校党支部加入中国共产党。入党后，她第一时间将这个喜讯写信告诉了王斐然。

入党之后，在党组织的领导下，赵云霄同许

多进步学生一道，破除传统的封建观念，走出校门，积极参加各种社会活动和革命斗争。1925年5月30日，为反对日本、英国等帝国主义的暴行，中国共产党领导了举世闻名的五卅运动。运动首先爆发在上海，由于日本资本家枪杀中国工人顾正红以及英国巡捕打死打伤中国群众，上海人民长期郁积的对帝国主义的仇恨像火山一样迸发出来，开始了声势浩大的反对帝国主义的总罢工、总罢课、总罢市。

五卅运动对中华民族的觉醒和大革命的发展起了巨大的推动作用。瞿秋白在当时就写道："五卅后民众运动的发展，一直波及于穷乡僻壤，山西太原等处都有工会的成立，江浙则甚至于小小村镇如双林、义乌等地，都起来响应。上海的街头巷口，普通的小商人，十三四岁的儿童，争着写贴'打倒帝国主义，废除不平等条约'的标语，争着唱五卅流血的时调山歌。"消息传到保定后，中共保定支部召开会议，决定发动全市人民，声援上海人民反抗帝国主义压迫的正义斗争。6月6日，保定学生联合会召开各校联席会议，作出全体学生游行示威、发表宣言、电请政府出面交涉的决议。

6月7日，根据党组织安排，赵云霄等带领直隶第二女子师范学校学生，与其他各校学生一道，组成5000余人的游行示威队伍。他们高呼口号，散发传单，张贴标语。游行结束后，他们还组成40个讲演队，分赴淮军公所、东大街戏院、大慈阁、贤良祠以及市内的大街小巷进行讲演，宣传五卅惨案发生的真相，控诉帝国主义残杀中国人民的罪行。广大民众听完演讲后，对帝国主义的罪行义愤填膺，表示坚决声援上海人民的正义斗争。

为了从经济上支援沪案罢工工人和抚恤蒙难者家属，保定地区党组织还组织成立保定市五卅惨案后援会，积极募捐，声援上海人民反抗帝国主义压迫的正义斗争。为了募集更多的资金，赵云霄同大家一道，在湖广会馆、大舞台、南门东关帝庙等处，召开宣传大会，演出反帝反封建的话剧和歌舞。女学生们化装成“赤心女士”，演唱革命歌曲。当唱到“白云快飞开，让那红球现出来，变成

帝國主義殘殺中國人民罪行

一个美丽的世界”时，全场掌声雷动，激发了观众反对黑暗的旧社会，向往光明世界的愿望。会场上挤满观众，并肩而立，群情激昂。演出后，学生们将所有演出收入交给保定市五卅惨案后援会转寄上海。6 月 15 日，赵云霄还参加了保定万人“国民大会”，与全市进步人士一起，发出各阶层反帝斗争的共同怒吼。

根据中共保定市委的指示，赵云霄还多次参与直隶第二女子师范学校党支部组织的赴庆兴蛋厂、面粉厂进行社会调查的活动。通过深入群众进行调查研究，她们了解到女工们在资本家残酷剥削和压榨下的痛苦生活，也加深了对社会黑暗的认识。李沛泽、赵云霄等人还深入到工人群众中，向她们宣传社会主义社会的美好未来，宣传反抗帝国主义压迫、争取男女平等的革命道理。

在大革命此起彼伏的斗争中，赵云霄和其他进步青年一样，在反帝爱国运动中觉醒，由反抗封建专制，到接受马克思主义的启蒙教育，进而接受党的理论和主张，成为党的忠诚战士，投身人民革命和民族解放事业。她在党领导的反帝反封建斗争中经受了重重考验，展现了坚定的政治信仰和毫不妥协的斗争姿态，得到了党组织的充分肯定。1925 年秋，19 岁的赵云霄由于表现出色，被党组织选派到苏联留学。

链　接

李沛泽（1904—1994），又名李培之，河北赤城人。1924 年加入中国共产党。无产阶级革命家王若飞同志的夫人，我党早期工人运动和妇女工作杰出领导人之一。1945 年 11 月，任中共南方局妇女组组长。1946 年年底至 1949 年 5 月任中共中央妇女运动委员会委员。1947 年随晋绥土改工作团到兴县蔡家崖参加土改工作。1949 年 4 月当选为中华全国民主妇女联合会第一届执行委员会执行委员。新中国成立后，曾任中国人民大学党委副书记、副校长。1994 年在北京逝世，时年 90 岁。

王斐然（1904—1994），河北阜平人。

早年参加中国共产主义青年团，1924年在北京中法大学加入中国共产党。1937年抗日战争全面爆发后，到晋察冀抗日根据地从事司法工作。1949年至1955年，先后担任北平军事管制委员会军法处处长、北京市高级人民法院第一任院长等职。1979年起担任北京市人大常委会副主任。1994年去世，时年90岁。

03 来到苏联莫斯科中山大学学习

莫斯科中山大学的成立

1924年1月，中国国民党第一次全国代表大会在广州召开，标志着国民党改组的完成和第一次国共合作的正式形成。这是中国共产党实践民主革命纲领和民主联合战线政策的重大胜利，也是孙中山晚年推进中国革命的一大历史功绩。实行国共合作，既是国共两党反对帝国主义反对封建主义的共同需要，也是两党各自发展的需要。改组后的国民党基本上成为工人、农民、城市小资产阶级和民族资产阶级的革命联盟，成为国共联合战线的组织形式。但是，仍有一些地主买办分子、官僚政客和南方军阀留在国民党内，并占有一定的地位。这些人构成了国民党右派势力的主要基础。

为了顺应革命形势发展需要，反对国民党右派，充实革命进步势力，国共两党迫切需要一支可靠的革命武装力量和通晓革命理论、熟悉政治工作的干部队伍。这时，苏联政府在莫斯科成立的东方大学中国班及 1924 年 5 月成立的黄埔军官学校已不能满足中国革命实际需要。正在这时，1925 年 3 月，孙中山不幸逝世。为了纪念这位对中国革命和中苏友好关系的发展作出杰出贡献的伟大人物，苏联决定再单独创办一所培养国共两党干部的学校，并取名为“中国劳动者孙中山大学”，中国学生称之为“莫斯科中山大学”。

很快，苏联便开始积极筹建中山大学。校董事会不久即成立，由著名外交家、曾任苏俄驻华代表的越飞任董事会主席，董事会成员有将出任校长的拉狄克，俄共（布）中央政治局委员、《真理报》主编布哈林，苏俄副教育人民委员、列宁的夫人克鲁普斯卡娅，工会中央理事会主席托姆斯基等著名人物。他们在几个月的时间里，选定、修建校址，发动苏联各界为建好中山大学提供支持。

1925年10月7日，苏联顾问鲍罗廷在国民党中央政治委员会第66次会议上，正式宣布为纪念孙中山先生而筹建的莫斯科中山大学成立，同时建议国共两党迅速选派学生赴该校学习。根据他的建议，广东国民政府成立由汪精卫、谭延闿、古应芬组成的选拔委员会，鲍罗廷任选拔委员会顾问，并立即着手在广州、上海、北京、天津等地选拔学生赴莫斯科学习。

链　接

越飞（1883—1927），苏联无产阶级革命家、政治家、外交家。曾任苏联特使与国民党领袖孙中山会谈，并发表《孙文越飞联合宣言》。1927年11月16日在莫斯科自杀，时年44岁。

拉狄克（1885—1939），苏联政治活动家、共产主义宣传家。1917 年加入俄国社会民主工党（布）。十月革命后，曾在苏联外交人民委员会中工作。1920 年，担任共产国际执行委员会书记、委员和主席团委员。1927 年被开除出党。1929 年恢复党籍。1936 年再次被开除出党。1937 年以“间谍罪”被判 10 年徒刑。1939 年逝世，时年 54 岁。1988 年恢复名誉。

鲍罗廷（1884—1951），1903 年加入俄国布尔什维克党。1918 年，到苏俄外交人民委员会工作。1923 年奉派到广州，任共产国际驻中国代表及苏联驻广州政府全权代表。1927 年 7 月，任苏维埃劳动人民委员、英文《莫斯科新闻》主编。1949 年，被流放到西伯利亚。1951 年 5 月 29 日死于伊尔库茨克，时年 67 岁。

学生选拔工作

1925年10月，莫斯科中山大学学生选拔工作在广州、上海、北京等地迅速开展起来。由于广州是当时大革命的主要中心，所以在广东公开考选180名。此外，在上海及其附近各省和北京及附近各省分别秘密选派50名。在广东招收的学生由国民党政治委员会选拔，即由以汪精卫等人组成的选拔委员会进行挑选。

挑选程序为：符合报名条件者在广东大学参加笔试，考题是作一篇题为《什么是国民革命》的论文。笔试之后，公布初试录取名单，最后进行口试。口试由国民党高级官员主试，着重时事政治知识。经过这样3次筛选，最终产生入选者。在广州选拔的人员中，百分之九十以上是国民党员，有些还是立场、观点都极突出、不含糊的国民党右派，如郑介民、邓文仪、张镇、康泽等人。他们在黄埔军校内便是右派组织孙文主义学会的活跃分子，后来进入莫斯科中山大学也兴风作浪，惹出许多事端。同时，在广州选拔的也有少数是中共党员和革命青年，如左权、黄文杰等。此外，蒋介石的长子蒋经国也在名单之中。

上海及其附近各省和北京及附近各省选拔的学生，则是由中共中央通知各地的党组织，统一选调的年轻的党员、共青团员和进步青年。各地中共党组织对选拔工作极为重视，比如由中共北方区委选拔的乌兰夫曾回忆选拔的经过：他和其他 4 名蒙古族青年当时被选调，是“经过党小组讨论，支部推荐，中共北方区委批准”。行前，李大钊还曾亲自谈话。李大钊谆谆教导说，首先要锲而不舍地学习革命理论和革命经验，再就是要有吃苦的思想准备，同时还要时刻保持共产党员的清醒头脑和坚定的革命立场。

陈觉和赵云霄是分别通过中共湘区委员会和北方区委的选拔，同大家一样，首先秘密来到当时中共中央所在地上海集中，随后乘船转赴苏联。在这些由上海出发派往苏联的青年中，有的当时已是党和团的活动家，有的后来在中国革命史上占有一定地位，甚至在党内担任重要领导职务。他们中有俞秀松、张闻天、孙冶方、王稼祥、张琴秋等。后来给中国革命带来重大损失、以“王明”之名而闻名的陈绍禹，也在这时从上海前往莫斯科中山大学学习。

苏联运煤船

从中国到苏联的交通，这个今天看来不值一提的问题，在当时却颇费一番周折。当时，从中国到苏联去的路线主要有3条：第一条是经内蒙古的满洲里出境，陆路抵达苏联，这条路便利快捷，但当时东北地区是大革命的头号敌人、奉系军阀张作霖的势力范围，赴苏留学青年走这条路去苏联很难走得通；第二条是由上海经海路到海参崴，从海参崴换乘苏联的火车横穿西伯利亚，抵达莫斯科；第三条是取道欧洲绕行，但行程很长，路费太贵，一般人显然难以承受。因此，先到上海，再乘船去海参崴坐火车，成为当时最为经济、方便的交通选择。

包括陈觉、赵云霄在内，由上海、东南各省和北方各省的中共党组织选派的学生，都是走从上海到海参崴这条路奔赴莫斯科的。中共党组织只发给他们从其他城市去上海的旅费。接下来的工作，便由中共中央委派的杨明斋等人负责接手。

1925 年 10 月 28 日，在杨明斋等的带领下，陈觉、赵云霄等赴苏留学学生启程了。当时江浙军阀在上海等地爆发战争，上海的租界也都筑起工事，气氛相当紧张。学生们便整天待在中共中央指定的旅馆里，很少外出，等待着中央决定出发的消息。直到 10 月下旬，大家终于得到出发的通知，准备乘坐一艘回海参崴的苏联运煤船离沪，再转乘火车去莫斯科。

28 日当晚，大家带上自己的简单行李，秘密分散步行至黄浦江码头，在茫茫夜色的掩护下，悄悄地乘小舢板登上停在黄浦江上的运煤船。他们事先约定好，为应付军阀的盘查，统一口径，就说是

去苏联当劳工。幸好，当天军阀政府疲于应付战争，江上巡逻并不严密，大家几乎没有遇到任何麻烦，就登上了开往海参崴的苏联运煤船。

运煤船在上海卸煤后，仅装了少量货物，大量船舱都供给留苏学生。学生们上船以后，为躲避军阀抽查，刚开始都来到船底的客舱，有的人坐着，有的人打开行李躺下。大家分别来自全国各地，以前也大多互不相识。上船不久，领队之一的俞秀松就召集大家开会，向这些离家远行的青年说明在旅途中的注意事项，同时鼓励大家团结起来，战胜旅途中的困难。

没过多久，运煤船驶出了吴淞口，脱离了军阀政府的监视范围。大家便长舒了一口气，纷纷结伴走上甲板，凭栏凝视着灯火阑珊的上海滩，再回望一眼苍茫迤逦的海岸线，默默暂时作别多灾多难的祖国，怀着争取国家独立、人民解放的崇高目标，迎着大海的惊涛骇浪，坚定地奔赴苏联。

船一进入东海，骤时海浪汹涌，船身颠簸不已，人也随着船身左右摇摆，东倒西歪。一些从未乘船入海、没经历过大风急浪的年轻人，特别是赵云霄那样身体瘦弱的女青年非常不适应，吃不下，睡不好，呕吐不止。风浪大的时候，俞秀松走上船头，站在甲板上，大声鼓励说："同志们，坚强些！我们是革命者，革命者就要乘风破浪。我们的生命时刻准备献给革命了，海浪再大，也是吓不倒我们的。大家眼望远方，我们将要去的是世界革命的中心。我们的心胸要像大海一样辽阔。一切困难都不在话下。咆哮的巨浪，会被我们战胜的……"在俞秀松的鼓励下，大家心情豁然开朗，精神焕发，开始一边欣赏海上的风光，一边讨论时事，畅谈未来。有的同学还满怀激情地唱起了《国际歌》，引得众人为他合拍伴唱。

出发两三天后，运煤船到达日本的门司港，大家上岸短暂散步，又随船继续驶向海参崴。在大海航行的第十天，正逢苏联十月革命八周年纪念日，船上举行了隆重简朴的庆祝会。11 月 10 日，运煤船到达海参崴。苏联船长和杨明斋等人上岸去和苏联有关方面联系，很快便安排好大家去莫斯科的火车。趁着这个间隙，陈觉、赵云霄等人还应邀参加了当地政府举办的十月革命庆祝会，听恰巧在海参崴的李立三作报告。时隔数载，在异国他乡听到革命的引路人、醴陵同乡李立三所作的报告，陈觉感到十分激动和欣喜。

链　接

杨明斋（1882—1938），山东平度人。中国共产党创立时期著名的革命活动家。1922年7月，出席中共二大，后任苏联顾问团翻译。1925年夏，在广州任苏联顾问团翻译。10月，在莫斯科中山大学负责总务工作。1938年在苏联逝世，时年56岁。1989年，被追认为革命烈士。

俞秀松（1899—1939），浙江诸暨人。中国共产党早期杰出的革命活动家。曾任中国社会主义青年团书记、旅莫斯科支部支委、新疆反帝联合会秘书长、新疆学院院长等职。1939年2月，在苏联“肃反”扩大化中被害，时年40岁。1962年，被追认为革命烈士。

青春做伴求学路

在海参崴停留三四天之后，陈觉、赵云霄又随大家改乘火车，沿西伯利亚铁路，跨越亚欧大陆，向苏联首都——遥远的莫斯科进发。这时，虽然才11 月份，但在寒冷异常的西伯利亚，已是冰天雪地的隆冬季节，窗外大雪纷飞，车内严寒刺骨。透过死气沉沉的严冬的幕帘，望着窗外的西伯利亚荒原，陈觉、赵云霄等人窥见的却是遥远未来的春意盎然和繁花似锦。他们由衷地相信十月革命后的俄国是世界的希望和榜样，也是中国的希望和榜样。

在海参崴上火车前，火车工作人员就为中国留学生们准备了冬装御寒，每人一套厚实的服装、鞋帽。当时的苏联，正在医治第一次世界大战以及国内战争留下的创伤，又受到国际帝国主义的严密封锁，处于十分困难的境地。据当时赴俄留学的肖劲光回忆说："苏俄战争的创伤历历在目。工厂、矿山遭到严重破坏停产了，农村遭受兵祸，被洗劫一空，天灾人祸，粮食歉收，人民贫穷不堪，各种物资极其缺乏。到处都是弹痕累累，道路桥梁被破坏得不像样子，全俄处于普遍饥荒之中，每天都有人饿死在路旁。”经济上的困难，导致俄国的火车上煤炭奇缺，需要依靠烧木柴开动。因此，火车每行驶几站，就要停车搬运新的木柴上车，重新开动火车。木柴提供的能量有限，再加上路线弯曲，地势高低不平，导致火车行进速度极缓慢。同时，火车上为节省燃料，没有提供供暖设备，只在每节车厢放置一个取暖的大油桶火炉。车上也没有餐车，没有热水，没有饭菜供应，连水管也被冻住。

在此情况下，陈觉、赵云霄等人，只有行驶到沿途的大站时，才能趁停车之际，下车买饭打水。“每当停车时，人们便蜂拥而下，排队打水，抢购食物。稍慢一点，就会打不到水，买不到食品，还有掉队的危险；快一点，路上结着冰，又光又滑，跌跤是难免的。女同志怕跌，几个人结队，手拉着手一起走，一人跌，众人倒。”这时，大家便组织起来，分工协作，有的负责买食物，有的负责打开水，对于有困难的女同学则予以照顾，让她们好好休息。这样，才克服了重重困难。一路上生活虽然艰苦，但大家始终心怀追求真理的渴望，受革命乐观主义精神激励，因而情绪高昂，意气风发，时而观赏西伯利亚的晶莹雪景和贝加尔湖的壮美辽阔，时而引吭高歌，抒发内心的欢快以及对未来的憧憬。

11 月 23 日，大家从海参崴乘车行驶 7400 多公里后，终于走完了这段漫长的旅程，到达目的地莫斯科。火车进站停稳后，中山大学教务处的负责人上车迎接这些来自中国的留学生。随后，用大轿车将他们带到莫斯科中山大学。

进入莫斯科中山大学

在莫斯科市中心，清澈的莫斯科河缓缓流过。河的西岸，有一条狭窄而宁静的街道，叫伏尔洪卡大街。大街的 16 号，是一座当时规模适中的 4 层黄色方形建筑楼。楼前，是一片宽阔的园地，栽满树木和花草。每到莫斯科短暂的夏日，这里便会绿树成荫，百花争艳，蔚为壮观。整栋建筑楼内，大约有 100 多个房间，整个一楼是餐厅，往上分别是图书馆、教室、办公室以及教研室。隔街相对的是著名的莫斯科大教堂，教堂设计别致、金碧辉煌，有 6 个大圆屋顶，壮丽典雅。教堂前宽阔的广场，日后成了中山大学学生早操的操场，教堂两侧的美丽花园，是中山大学学生们课余休憩和散步的理想场所。休憩散步时，大家有时还能听见三四公里外克里姆林宫的大钟传来的浑厚钟声。

1925 年 11 月中旬，4 层黄色方形建筑楼作为莫斯科中山大学的校址，正式投入使用。开学典礼由联共（布）中央政治局委员托洛茨基主持，他在讲话中，针对沙皇俄国时期俄国人看不起中国人的偏见，说道："从现在起，任何一个俄国人，不论他是一个同志或者一位公民，他如果用轻蔑的态度来对待中国学生，见面时双肩一耸，那他就不配当俄国共产党人或者苏维埃公民！"当时，为了保密，整个办学过程处于秘密状态，不对外公开，不进行新闻报道，也不正式挂学校的牌子。同时，考虑到中国学生回国以后的安全问题，进校之初，到莫斯科中山大学学习的每位中国学生都取了一个俄文名字。他们中许多人回国后仍用该俄文名字的做笔名，以致俄文名反而比自己的本名还广为人知，比如秦邦宪被称为博古（波戈列洛夫）、张闻天被称为洛甫（伊兹梅洛夫），等等。陈觉、赵云霄的俄文名字，由于缺乏史料，现已不可考。

得到新的俄文名字后，陈觉、赵云霄等人开始依次同学校工作人员和教员谈话，内容包括各自的姓名、籍贯、家庭成分、文化程度、学历和经历，曾读过什么书，参加过什么革命活动，等等。随后，大家统一编班，发给学生证。

当时的苏联，战争创伤尚未完全恢复，各项经济建设还在进行之中，却仍为莫斯科中山大学花费了大量的人力、财力，预算达 1000 多万卢布，平均每名学生每年开支 2873 卢布。因此，学生们生活上的衣食住行被安排得井井有条，待遇比普通老师还高。当时苏联大学生的伙食标准是每个月 30 卢布，而中山大学中国留学生们的伙食标准则达 60 卢布，一日五餐，鸡蛋、面包、黄油、牛奶、香肠、鱼子酱应有尽有，学校甚至还专门派人到远东地区采购海鲜、香菇、甘蓝等，聘请中国厨师，保证学生们在异国他乡还能吃到家乡的菜肴。在穿着上，新生一入学，学校就统一发放西装一套，外套一件，皮鞋一双，就连毛巾、浴衣、衬衫、手帕等日用品也由学校定期提供。至于宿舍的铺盖、毛毯、被单，不仅校方提供，还每周换洗一次。可以说，陈觉、赵云霄等人，在此度过了一生中为数不多的生活舒适、精神充实的宁静时光。

链 接

克里姆林宫："克里姆林"在俄语中意为"内城"；在蒙古语中，是"堡垒"的意思。克里姆林宫位于俄罗斯首都最中心的博罗维茨基山冈上，南临莫斯科河，西北接亚历山大罗夫斯基花园，东南与红场相连。克里姆林宫是俄罗斯国家的象征，是世界上最大的建筑群之一，是历史瑰宝、文化和艺术古迹的宝库。

04

异国他乡，喜结连理

刻苦学习

莫斯科中山大学开学后，立即正式编班上课。然而，中国留学生们来自不同家庭，不同学校，文化程度参差不齐。有的是中学毕业只会说家乡方言，也有的是大学毕业或是留洋学习过因而具有相当高的外语水平。因此，给学员分班基本上是按文化程度和外语水平的不同来确定。当时的陈觉和赵云霄，只有十八九岁，刚刚中学毕业，没有接触过外语，因此被分在中文班，依靠翻译员转述学习。因此，他们的第一步学习任务便是抓紧学习俄语。

由于来莫斯科前根本没有接触过俄语，学校设置的课程又是密集紧张的两年制，对学习俄语的速度和质量要求都很高。因此，陈觉和赵云霄等迎难而上，争分夺秒，起早摸黑，每天花 4 个小时以上的时间努力学习俄语。有时为了读准一个音，他们常常不停地读十遍、百遍。为了弄通语法，他们一到休息时间，就在图书馆借阅俄文原版书，一个词一个词地“啃”。功夫不负有心人，他们的俄语水平很快有了显著提高，借助俄文，读了不少马克思、恩格斯、列宁、斯大林的著作，其中还包括不少军事著作。

在专业课程的安排上，莫斯科中山大学的课程设置十分有特色。它定位为为中国革命培养干部、特别是政治工作干部的学校，具有干部培训班的性质。学校力求培养中国学生的无产阶级世界观和方法论，不仅要积极参加中国的民主革命，而且要立志于推进中国革命走向社会主义的发展道路。因此，主要课程有：马克思主义哲学，培养学生确立新的世界观和方法论，学会用辩证唯物主义和历史唯物主义的观点去观察世界、改造社会；政治经济学，学习马克思的巨著《资本论》；社会形态发展史、中国革命运动史、俄国革命运动史、东方革命运动史和西方革命运动史等五种历史专业课，使学生懂得世界历史发展的一般规律和大体趋势，领会历史经验和世界革命的观点；世界经济地理；列宁主义，使学生了解马克思主义在新的革命时代的新发展。

此外，基于中国革命军事斗争的实际需要，学生们还要学习军事课，以便回国后适应消灭北洋军阀的北伐战争。学校设有军事教研室，由专业军人教官授课，还提供给学生各种武器进行训练，包括步枪、手榴弹、机关枪、火炮、坦克等。中山大学新颖、充实的专业课程，受到学生们的真诚欢迎。当时，中国共产党刚成立不久，党内熟悉马克思主义理论的干部还属凤毛麟角。另一方面，国内的党组织正忙于发动群众、准备北伐战争，也不具备条件开办党校培训党员。因此，莫斯科中山大学的课程设置，弥补了国内条件的不足，使陈觉、赵云霄等获得了来之不易的深入系统地学习马克思主义革命理论的机会。在学校里，他们也没有辜负组织重托，没有浪费宝贵的学习时间，而是如饥似渴地在知识的海洋里遨游。

除了课堂教学，中山大学还经常组织学生参加课外实践活动，开阔他们的视野，接触普通工农劳动者，增长实践动手能力。1925年12月，陈觉、赵云霄就参观了革命博物馆，还陆续参观了在莫斯科的克里姆林宫、列宁纪念室、红军博物馆、《真理报》报社和俄国十月革命前的地下印刷所以及在列宁格勒的冬宫、斯莫尔尼宫和关押过许多革命者的地牢。他们还时常到莫斯科市周边的工厂访问，参加工厂的劳动和会议，积极参加苏联的星期六义务劳动，与莫斯科市民一起上街清除积雪。

链 接

星期六义务劳动：即共产主义星期六义务劳动，是指苏联劳动群众自愿为社会提供的无报酬劳动。劳动产品不归劳动者本人所有。1919年5月，莫斯科—喀山铁路职工为支援前线，保卫苏维埃政权，建设祖国，响应俄共（布）“用革命精神从事工作”的号召，在星期六晚上从事6小时义务劳动，很快得到全国工人的响应。列宁在《伟大的创举》一文中称之为“共产主义的实际开端”，并于1920年五一劳动节亲自参加劳动。这一活动后形成传统，用于教育人民和青年发扬革命英雄主义精神。

革命伉俪

陈觉和赵云霄，两人年纪相仿，当时都是20岁左右的花样年华，渴望革命的爱情。他们虽一个成长于南方水乡，一个出生在燕赵大地，却在距祖国万里外的莫斯科相识、相知。最初只是在学习上的“相互切磋，相互勉励”，随着时间的推移，彼此的感情不断升温，产生了爱慕之情，进而确立了恋爱关系。

5

成为恋人之后，陈觉和赵云霄在学习、生活上相互帮助、相互促进。赵云霄比陈觉年龄稍长数月，且出身贫寒之家，从小干惯累活苦活，因此在生活上对陈觉照顾有加，常常替他洗衣服、收拾房间。陈觉从小体弱多病，在莫斯科时，曾大病一场，高烧不退，整日昏天昏地说胡话，一度甚至自以为“病入膏肓，自度必为异国之鬼”。幸得赵云霄悉心看护，日夜不离，守在病榻之侧，陈觉才顺利战胜病魔，转危为安。出院后，赵云霄又帮助陈觉补习功课，赶上学校的教学进度，令陈觉大为感动。不久，在与陈觉同来苏联的醴陵老乡王希闵的撮合之下，经党组织批准，陈觉、赵云霄正式结婚，成为一对革命夫妻。为了庆祝他们的结合，同学们为他们举行了一个简朴而气氛热烈的婚礼。

结婚后，陈觉和赵云霄在学习之余，形影不离，闲谈琐事，共话桑麻，莫斯科大教堂前的美丽花园和中山大学校园里的林间小路，都留下他们漫步而行的足迹。每逢周末，他们还依靠学校提供的生活津贴，乘坐免费的电车或火车，外出游历。到了冬天，学校里的篮球场，泼上水之后，便变成了很大的溜冰场，他们就共同在此学习滑冰。每到暑假，他们还在学校组织下，来到莫斯科郊区的塔拉索夫卡休养所休养。

塔拉索夫卡是一个距莫斯科 70 公里的小村庄，村口醒目地挂着一幅标语：“欢迎我们的朋友——中国革命青年。”休养所本是莫斯科资本家大商人的避暑处，后收归国有，可供 800 余名劳动者同时入住。这里环境优美，房屋大多建在松林中。除了休养，还可以游泳、划船，设有运动场、俱乐部、剧场、棋室、阅报室、无线电室、照相室、音乐室、图书馆等。陈觉、赵云霄在这里放松学习后的紧张神经，享受了难得的惬意时光。

惊闻大革命失败

1926 年，在中国的北伐战争胜利进军的凯歌声中，上海工人运动重新高涨起来。北伐开始以后，中共中央和以罗亦农为书记的中共上海区委就密切注视着战事的进展。为了迎接北伐军进军上海，1926 年秋至 1927 年春，中共中央和上海区委发动和组织上海工人，连续举行了 3 次武装起义。1927 年 3 月，上海工人第三次武装起义成功，北伐军进入中国最大的城市上海。消息传到苏联，中山大学学生一片欢腾，立即举行热烈的集会，庆祝这一胜利。他们还通过决议，向国内发出两份热情洋溢的电报，一份发给当时的北伐军总司令蒋介石，一份发给上海工人。随后，陈觉、赵云霄还加入了同学们庆祝游行的队伍，欢庆中国革命的一次重大胜利。在沿途，他们还受到了苏联人民的热情祝贺。

然而，幸福甜蜜的时光总是短暂的。报捷的电报墨迹未干，同学们的喜悦也还未消散之时，却传来了反动派在上海大屠杀的消息。原来，北伐军进入上海后，帝国主义列强感到其在华利益受到威胁，便一面拉拢蒋介石，一面进行武装干涉。蒋介石在软硬兼施的手段之下，很快叛变革命、公开反共。4 月初，他在上海约集国民党将领李宗仁、白崇禧、黄绍竑、李济深等 10 余人举行反共会议。

4月12日，他发动暴力“清党”，纠集大批青帮分子和第二十六军士兵，疯狂搜捕、屠杀工人纠察队和进步群众。到4月15日，上海工人300多人被杀，500多人被捕，5000多人失踪。蒋介石等右派制造了震惊中外的四一二反革命政变。

四一二反革命政变，是大革命从高潮走向失败的转折点。它使中国政治风云突变，造成革命联合战线内部的巨大变动与分化。噩耗传到苏联，给了莫斯科中山大学的学生们当头一棒，陈觉、赵云霄也难过万分，气愤不已。4月13日晚，他们又参加了中山大学学生们举行的另一次集会。与20天以前集会的喜悦气氛截然相反，这次集会，悲伤、愤慨和不解笼罩着整个集会的大厅。大家义愤填膺地通过决议，以“中山大学全体国民党员和共产党员”的名义，致电武汉革命政府，要求严惩暴徒，决议指出：“当前中国革命的发展引起了帝国主义及其忠实走狗的反击。假革命的蒋介石及其一伙违背了党的原则和纪律，他们背叛了我们的革命，屠杀上海的革命工人，从而成为帝国主义的走狗。现在他们成了我们革命道路上的障碍。但是我们有信心，得到我们工人群众和我们革命军队支持的国民党中执会和国民政府，一定会勇敢坚定地进行反对反革命的蒋介石及其一伙的斗争。我们确信我们会得到最后胜利。”

雪上加霜的是，7月15日，汪精卫等控制的武汉国民党中央召开“分共”会议，发动七一五反革命政变，同共产党决裂，彻底背叛了孙中山制定的国共合作政策和反帝反封建纲领。随后，汪精卫集团不仅免去各机关中共党员的职务，而且在武汉地区对共产党员和革命群众实行大逮捕、大屠杀。至此，由国共两党合作发动的大革命宣告失败，国民党与苏共的关系也由此陷入紧张状态。1927年7月26日，国民党中央执行委员会发表声明称：“取缔”莫斯科中山大学，并与之断绝一切关系，同时命令国民党各级组织严禁再向莫斯科派遣留学生。8月5日更是宣布召回在苏联留学的国民党学员。

随着革命暂时转入低潮，中国工农群众在中国共产党的领导下，进入土地革命和武装反抗国民党反动派的历史新阶段。莘莘学子心，拳拳革命情。随着国内形势的急剧变化，莫斯科中山大学的学生虽身在苏联，心却与中国革命的命运紧紧地连在一起。他们中绝大多数共产党员、共青团员，虽然对中国革命遭受严重挫折而感到痛心，但是对革命前途依旧充满信心。陈觉、赵云霄等青年党员，第一次切身体会到，革命不是一蹴而就的事情，胜利也不是可以轻易得到的，而要经历艰难曲折的奋斗途程，作为一个革命者，就要不畏险阻、百折不挠、英勇善战。1927 年 9 月，由于国内斗争的需要，陈觉、赵云霄同王希闵被派遣回国，投身土地革命战争的风暴。

05 奉调回国，组织暴动

回到祖国

陈觉和赵云霄按照中央调他们回国的工作安排，冒着生命危险，取道敌人控制下的中国东北地区，返回祖国。途中，他们经过河北一带，陈觉提出作为女婿前去看望赵云霄的父母，而赵云霄以革命事业危急为由，“路过家门而不入”，毅然与陈觉迅速南下，来到上海与地下党组织取得联系。中共中央机关刚刚从汉口迁至上海。为了审查和纠正党在大革命后期的严重错误，制定新的路线和政策，中共中央已于陈觉、赵云霄回国前的1927年8月7日，在湖北汉口召开紧急会议（即八七会议）。出席会议的有部分中央委员、候补中央委员、中央监察委员，还有中央军委、共青团中央、中央秘书处、湖南、湖北的代表和负责人。共产国际驻中国代表罗米那兹等参加了会议。会议由瞿秋白、李维汉主持。在极其险恶的环境下，会议只开了一天。

尽管会议只开了一天，但八七会议的召开及其制定的继续进行革命斗争的正确方针为挽救党和革命作出了巨大贡献。这意味着中国共产党人没有因为极其严重的白色恐怖而惊慌失措，而是重新鼓起同国民党反动派斗争的勇气。当时，蒋介石、汪精卫、李济深在华东、华中、华南等地疯狂屠杀中共党员。据不完全统计，从1927年3月到1928年上半年，被杀害的共产党员达2.6万人，被杀革命者达32万人，其中不少是工农群众和国民党左派。共产党员从原来的6万人，锐减到1万多人。原有300万会员的工会，只剩下7万人左右。在这种危急紧要的关头，八七会议吹响了中国共产党人不屈反抗的号角，重新凝聚了受到严重创伤而显得散乱的队伍，扭转了党员和群众中弥漫的悲观主义情绪。

八七会议所作的“调派最积极的、坚强的、有斗争经验的同志，到各主要省市区发动和领导农民暴动”决定也彻底改变了陈觉、赵云霄的命运。从重新踏上祖国土地的一瞬间起，他们便随时做好准备，“揩干净身上的血迹，掩埋好同伴的尸首”，不断地进行战斗。

1927 年 9 月底的一天，在地下交通员的带领下，陈觉、赵云霄首先来到上海法租界福州路云南中路路口的天蟾逸夫舞台。这里繁华热闹，常年上演各种传统戏剧，上海戏曲曲艺爱好者常云集于此，听戏看剧。穿过喧闹人群，交通员领着陈觉、赵云霄从天蟾逸夫舞台靠云南中路的一侧，突然拐进了一条破旧、僻静的弄堂。这里一派上海市井悠闲生活模样，全然不似街头的人声鼎沸。更令陈觉、赵云霄没想到的是，弄堂尽头的二层小楼楼上 3 个房间，竟是指导中国革命的中共中央政治局机关驻地。“大隐隐于市”，路口舞台熙熙攘攘的人群，似乎给“闹中取静”的中央机关作了天然的屏障。陈觉、赵云霄悄悄登上小楼的二层，见到了瞿秋白、李维汉等中央领导同志。

当时，瞿秋白是中共临时中央政治局的总负责人，他一副典型的书生模样，还有着浓厚的诗人气质和教授式的文雅风度，他关切地向陈觉、赵云霄询问俄国的各项情况。陈觉等人的个人经历，曾任中共湘区委员会书记的李维汉则十分熟悉。考虑到当时党的重要任务是在工农运动基础较好的湘、鄂、粤、赣四省发动起义，实行土地革命，而陈觉又是湖南人，熟悉当地情况。因此，瞿秋白、李维汉商量后决定，将陈觉、赵云霄分配至湖南工作。

链　接

瞿秋白（1899—1935），江苏常州人。中国共产党早期主要领导人之一，伟大的马克思主义者，卓越的无产阶级革命家、理论家和宣传家，中国革命文学事业的重要奠基者之一。1922年春，正式加入中国共产党。大革命失败后，在八七会议上当选为临时中央政治局常委，主持中央工作。1935年2月在福建长汀被捕，6月18日就义，时年36岁。

白色恐怖下的湖南

接到中央的命令之后，陈觉、赵云霄即马不停蹄地乘船溯江而上，从上海来到湖南长沙。当时的长沙，笼罩在一片白色恐怖的气氛之中。数月前的5月21日，军阀何键为投靠蒋介石指挥叛军发动“马日事变”。何键指使许克祥带领叛军突袭长沙的湖南省总工会驻地东茅巷湘汉旅社、长沙市总工会驻地东长街、省农民协会驻地曾公祠、省特别法庭、省党校、省工运训练班、省农运训练班等处，收缴工人纠察队的枪械，捕杀共产党员和革命群众100多人，使长沙笼罩在白色恐怖之中。一时间，枪声大作，血流成河，叛军见人就杀，许多革命志士刚从睡梦中惊醒便惨遭屠杀。

“马日事变”发生后第二天，湖南省委为了反击，发动 10 万工农武装进击长沙。激战正酣之际，却收到陈独秀签署的撤退命令，使湖南的大革命遭到失败。许克祥等反革命分子由此更加疯狂，短短的 20 多天里，在长沙附近各县屠杀了 1 万多人，湖南的党组织遭到严重打击。为了挽救危局，八七会议后，毛泽东以中央特派员身份回到湖南，协助彭公达改组湖南省委，恢复党组织，贯彻中央政策，领导秋收暴动。

9 月 9 日，毛泽东领导的湘赣边界秋收起义如期举行。9 月 20 日，秋收起义部队向文家市转移，放弃攻打长沙，转向敌人力量薄弱的湘赣边界山区。10 月底，中央召开中共湖南省委紧急会议，再次改组湖南省委，以王一飞为书记，另立湘南、湘西、湘西南特委，并通过《湖南紧急会议决议案》，提出湖南党组织的主要任务是：组织与集中广大工农群众的革命意志和行动，制造全省新的革命高潮，即在最近或不久的将来组织与爆发全省广大工农群众的暴动，推翻新军阀与豪绅地主资产阶级的统治，建立工农革命政权。围绕这一任务，湖南省委将全省分为长沙、湘南、湘西、湘西南 4 个暴动区，派得力干部到各地主持，争取一二个月内创造农民暴动局面。

中共湖南省委十月紧急会议，是在中央“左”倾盲动错误思想的指导下召开的，对湖南省的工作产生了较大影响。会后，省委相继派出六七十名干部分赴各地，贯彻会议确定的政策，整顿党组织，准备第二次暴动。陈觉、赵云霄就是在这个时候来到湖南省委报到，随后被指派回到陈觉老家——醴陵，协助开展暴动准备工作。

链　接

彭公达（1903—1928），湖南湘潭县人。1923 年加入中国共产党。参与创建中共湘潭支部。1927 年 8 月 7 日，当选为中共临时中央政治局候补委员。8 月 9 日，任中共湖南省委书记。11 月上旬，担任中共湘西特委书记，先后组建了特委直属赤卫队、湘西工农革命军第四支队和各县游击队。1928 年 7 月中旬，在安源被捕。8 月 7 日在长沙就义，时年 25 岁。

王一飞（1898—1928），浙江上虞人。1920 年加入中国社会主义青年团，1922 年转为中国共产党党员。1925 年初夏，在中共中央军委工作。1927 年 10 月，任中共湖南省委书记。1928 年 1 月被捕，于长沙就义，时年 30 岁。

何键（1887—1956），湖南醴陵人，字芸樵。1928 年 3 月 4 日，任湖南“清乡”督办署会办，提出“宁可错杀三千，不可放走一人”的反动政策，大肆屠杀共产党人和工农群众。11 月，任湘赣“剿匪”总指挥部代总指挥，率 20 个团参与“围剿”井冈山革命根据地。1956 年 4 月在台北病死，时年 69 岁。

醴陵的工农武装割据

醴陵在毛泽东领导的湘赣边界秋收起义中，起到了重要作用。9 月 10 日，工农革命军第二团 80 多人在安源起义，攻打萍乡县城未克后，11 日改攻醴陵老关，取得胜利。12 日乘胜进攻醴陵。在醴陵农民武装的配合下，经过激烈战斗，一举夺取起义中的第一个县城。13 日，成立中国革命委员会湖南醴陵分会。后由于敌人凶猛反扑，这支起义部队被打散，千余人各自潜回家中，成为日后醴陵暴动的重要力量。

10 月起，反动当局在醴陵组织城乡挨户团实行疯狂"清乡"，缉拿共产党员，执行"凡马日以前有显著工作，与马日以后继续工作者，及马日以后新加入者，均处死刑"的反动政策，全县恐怖氛围弥漫。中共醴陵县委则"以其人之道，还治其人之身"，秘密扩大武装，严厉打击土豪劣绅、"清乡"

反动分子的反革命气焰，震慑敌人。10月13日，成立醴陵游击营，共有300多人，60多条枪（其中机枪一挺）。

11月初，陈觉以湖南省委特派员的身份，携赵云霄到达醴陵，与滕代远、陈恭及醴陵县委一道领导建设武装力量，领导群众，开展革命斗争。根据组织安排，陈觉、赵云霄住在醴陵县城阳三石铁路工人宿舍，陈觉参与一线领导工作，赵云霄则在家中留守、负责后勤。在滕代远、陈觉等人领导下，一时间，醴陵的南三区、南四区、北二区、东三区等地各种游击队如雨后春笋般出现，南乡的丁斗塘、东富、龙塘等地还创办了小型兵工厂，提供梭镖、大刀、鸟铳、土炮等武器，一般农民武装则发展到4万余人，醴陵农村初步形成了武装割据局面。

11月17日，中共湖南省委向各县发布《湖南省委暴动政纲》和《湖南省委暴动计划》，要求组织第二次武装暴动，镇压反动分子。滕代远、陈觉等接到命令后，决定继续扩大武装力量，同国民党军队及醴陵“清乡队”做坚决斗争。他们指挥部队，以梭镖、鸟铳为主要武器，同荷枪实弹的敌人频繁交战，取得了许多战斗的胜利。1927 年 11 月至 1928 年年初，醴陵地方武装先后发动南四区之役、罗家岭之役、泗汾之役等战斗，与敌交战达 110 余次，有力地打击了敌人的猖狂进攻，保卫了工农革命的胜利果实。

链 接

滕代远（1904—1974），湖南麻阳人。1925 年 10 月加入中国共产党。1927 年，任湘东特委书记。1928 年 7 月，参与领导平江起义，是湘鄂赣革命根据地的创建人之一。曾任红三军团政治委员，中央军委参谋长，八路军参谋长，晋冀鲁豫军区副司令员，中央军委铁道兵团司令员、政治委员等职。新中国成立后，曾任铁道部部长、全国政协副主席。1974 年 12 月，因病在北京逝世，时年 70 岁。

醴陵年关暴动

醴陵革命斗争的蓬勃发展，得到湖南省委的高度关注和评价。省委向中央报告称：“醴陵全县的农民都起来了，都做到杀豪绅，夺取武装，分土豪劣绅财产等工作，尤其是南乡已建立苏维埃政权。”

为扩大武装斗争范围，1927 年 12 月，中共中央发出《关于立即暴动给湖南省委的信》，指示湖南省委利用宁汉战争之机，发起年关暴动。省委根据湖南的情况，将湘东和湘南列为全省暴动的中心。由于醴陵党组织健全、战斗力强，武装力量不断壮大，割据区域日益扩大，广大群众有着发动暴动的强烈意愿，湖南省委又把醴陵列为湘东暴动的中心，指示滕代远、陈觉、林蔚、陈恭等，做好醴陵年关暴动工作。

滕代远、陈觉等接到命令后，迅速在南四区

贺家桥妙泉仰山殿召开扩大会议，专题研究年关暴动工作。与会人员一致认为，年关暴动存在着诸多有利条件。第一，武装力量不断壮大，革命军有两个团 1500 多人，500 多条枪，还有数十个游击队、赤卫队，共 4 万多人；第二，群众攻城积极性高涨，特别要求进城杀土豪劣绅，打破经济封锁，并营救被关押的革命同志；第三，城内驻军不多，因为湘桂战争爆发，驻县正规部队多已调往前线，县城只有“清乡队”、学生队、挨户团、护路队，不到 2000 人。

因此，会议决定于 1928 年 1 月 27 日发起攻打醴陵县城的暴动，并成立由林蔚、陈恭任正副总指挥，潘疆爪任前敌指挥的指挥部，下设东、南、西、北四路分指挥部，除组织攻城队伍外，还负责组织交通通讯联络队、破坏队、敢死队，以及准备后勤、举火工具等。

攻城前，部队作出规定，凡参战农民，领口上系红带为标识；以红旗为指挥信号，红旗向前，一齐冲锋，红旗倒后，一齐撤退。陈觉还带人拟就了《工农暴动宣言》《告国民党兵士书》及“打倒土豪劣绅”“没收地主土地”等标语口号。

1928年1月26日，林蔚代表指挥部下达命令，令各部队午夜前出发，于27日凌晨5时前包围醴陵县城。早晨6时，总指挥部下达攻城的命令，顿时火光四起，如同白昼，农民军冒着敌人的枪弹，奋勇攻城。西乡的起义军冲到渌江边被水阻住，东乡的起义军在阳三石捣毁敌人的军火仓库，威逼县城中心，南乡的起义军则攻进县城南门，涌向渌江桥南岸。

渌江桥是一座十孔大石桥，桥面宽阔，贯通南北，是通往县城中心的唯一要道。敌人集中全部兵力，修建牢固工事，用机枪编织密集的火力网，在此死守。

攻桥战斗中，起义军第一团几十名敢死队员冲到第三孔，对着敌人的工事开火，岸上农民军的火枪、鸟铳也一齐射击，却因枪法不准，火力有限，始终难以打开敌人的工事。有的战士攀着石桥栏杆，沿桥边前进，却不幸被敌人发觉，全部中弹后掉入河中而英勇牺牲。手持梭镖、大刀的农民军，更是无法靠近。

攻桥战斗进行到上午9时，起义军终因武器落后，伤亡较大，无法过桥。因此，指挥部下令“红旗后倒”，农军在正规军的掩护下，有秩序地撤退。10时整，4路队伍全部撤离县城，回乡休整，准备再战。第一次攻打醴陵县城，以失败告终。

链 接

林蔚（1898—1928），湖南韶山人。1922年加入中国共产党。1926年5月，任中共湖南区委秘书长兼军委书记。1927年7月，任中共湖南省委秘书长。9月下旬任湖南省委组织部部长。1928年春，任中共醴陵县委书记。4月，在醴陵被捕后就义，时年30岁。

潘疆爪（1894—1928），湖南醴陵人。1922年，在醴陵的开元学校任教，组织“马克思主义学习小组”。1926年2月任醴陵南乡联立高等小学校长，积极支持中共的革命活动。1927年7月，加入中国共产党。9月参加湘赣边界秋收起义，任中共醴陵县委委员。1928年1月至2月，任醴陵农军攻城总指挥，发起年关暴动，率工农武装两次攻打县城。后在农村开展反“清乡”斗争，实行工农武装割据。1928年4月被捕，5月19日被杀害于长沙，时年34岁。

成立湘东特委与第二次攻打醴陵县城

第一次攻打醴陵县城失败后，滕代远、陈觉等人又接到湖南省委为加强对湘东地区革命斗争的领导而作出的组建湘东特委的决定。接到命令后，滕代远等人丝毫不敢怠慢，迅速着手开展准备工作。首先，滕代远、陈觉、林蔚、陈恭等人以积极而谨慎的态度，白天闭门不出躲避敌人“清乡”，夜间则采取隐蔽和个别活动的方式，深入农村的野地、山坡、小河，召集党的基层骨干和农民群众了解基层情况，讲解革命形势，指导群众工作。经过一段时间的调查研究，湘东特委的筹建工作基本完成。

1928年2月上旬，在醴陵县南四区贺家桥妙泉仰山殿，召开了醴陵、浏阳、萍乡、安源、株洲等县、市委负责人会议。陈觉出席了会议。会议决定正式成立中共湘东特委，由滕代远任书记。会议确定特委的主要任务是：恢复和发展各地党的组织，开展武装斗争；建立苏维埃政权，进行土地革命；组织工农积极分子打入敌军内部，做瓦解敌军、伺机夺取枪支弹药的工作；等待条件具备，发动第二次起义。同时，发动群众，做好支援井冈山革命根据地的工作，护送来往井冈山的同志过境。

特委认为，各项任务中首要的是继续组织醴陵攻城暴动。2月20日，中共醴陵县委根据湘东特委会议精神，召开全县党员代表大会，讨论再次攻打县城的问题。根据代表们的强烈要求，县委决定于2月27日组织第二次攻打醴陵县城。

27日凌晨，在浏阳、安源、萍乡、株洲等地配合、支援下，2万余名醴陵工农武装分4路向醴陵县城进攻。部队很快压制住敌人的第一、二道防线，使其火力不能发挥，陷入与农民军的肉搏战之中。攻城主力部队——工农革命军第一团则冲过南门，再次打到渌江桥前。此时，敌人已在渌江桥上架起几挺机关枪，疯狂向进攻的队伍扫射。

工农革命军第一团300余名战士毫无畏惧，冲锋在前，数千名农民军英勇顽强，紧随其后。强攻渌江桥的战斗打得十分激烈。眼看攻城部队就要过桥，城里的敌军突然得到1000多人的增援，桥上的防守力量大为增强，攻城部队在战场上的微弱优势瞬间被打破。随后，攻城部队的冲锋受阻，难以靠近桥上的敌人阵地。指挥部考虑，部队损失过半，继续进攻下去，可能有被敌人反包围的风险，于是再次下令“红旗后倒”。很快部队退至县城四周的山上，至下午2时各自回乡，继续维持农村武装割据的局面。

滕代远、陈觉、林蔚、陈恭等人领导的醴陵暴动虽然以失败告终，但是参战人数多，声势大，战士战斗英勇，是秋收起义以来湖南最大的暴动。

它在白色恐怖的情况下，给了反动统治阶级以沉重打击，不仅声援了井冈山革命根据地的斗争和湘南暴动，还推动了周边各县的武装斗争。醴陵成为“全省最先进最激烈的地方”，“是全省的模范县”；其“革命高潮遂震动全省”，“波及邻县，如萍乡、浏阳、株洲、安源、攸县皆继续兴起”。

同时，需要指出的是，醴陵暴动是当时“左”倾盲动政策的产物。大革命失败后，中共中央对革命道路问题还没有找到很好的解决方案，出于对国民党屠杀政策的仇恨提出一系列违背客观实际的“左”倾盲动政策，湖南省委、湘东特委、醴陵县委以及滕代远、陈觉等人都忠实执行这一政策，而发动了夺取醴陵县城的年关暴动。他们因反“清乡”斗争的胜利而盲目乐观，过高估计自己的力量，低估敌人的力量，忽视仍旧敌强我弱的形势，在缺乏训练、武器落后、没有内应的情况下，盲目组织工农武装攻打易守难攻、防守严密的醴陵县城，其结果是可想而知的。在这次暴动中，陈觉第一次运用所学军事知识，参与指挥部队，也近距离地接触战场，接受血与火的考验。

06 建设苏维埃政权，开展土地革命

建立苏维埃政权

在湘东特委的指导下，中共醴陵县委于 1928 年年初就建立苏维埃政权和开展土地革命等问题，专门召开会议讨论，决定首先在武装割据开展得比较好的南四区进行建立苏维埃政权的工作。

1928 年 2 月，南四区党组织在陈发公祠召开了有近 2 万人参加的群众大会。会场上红旗飘扬，到处张贴着“苏维埃政府万岁”“中国共产党万岁”的标语。会议正式宣告南四区苏维埃政府成立，并提出了“一切权力归苏维埃”的口号。区苏维埃政

醴陵南四区苏維埃政府成立大會
中國共產黨萬歲!
一切權力歸農會
苏維埃政府萬歲

府下设秘书处、军事部、土地部、宣传部、组织部、财政部、文化部、裁判部及军事委员会、土地委员会、裁判委员会与妇女委员会等机构；同时，区农民协会继续保留，并建立少年先锋队、儿童团等群团组织。

南四区苏维埃政府建立后，在陈觉、林蔚等的领导下，醴陵全县苏维埃政权建设如火如荼开展起来。1 个月内，先后有南三、南二、西一、西二、北二 5 个区建立区苏维埃政府，178 个乡建立乡苏维埃政府。全县苏维埃政权控制的地区总面积约 1200 平方公里，占全县总面积的 40% 左右，苏区人口 22 万余人，耕地面积达 24 万余亩。无论人口、耕地、面积都超过全县的一半以上。

此时，陈觉出任醴陵县委常委、组织科长，为了醴陵各地的政权建设工作，他废寝忘食，不断探索因地制宜、发动群众、确保政权稳定运转的办法。当时，陈觉、赵云霄居住的阳三石铁路工人宿舍，距离敌人占据的县城只有 5 里路。他们勇敢地在敌人的眼皮底下活动，白天在家闭门研究工作，草拟文件，晚上趁夜外出活动，举行秘密会议，开展宣传教育工作，发动群众斗争。他们的付出得到了回报，湖南省委在报告中即称赞道："湖南有苏维埃之组织，实由醴陵开始。"

建设苏区的探索之路

醴陵各地苏维埃政府成立后，基于当时的环境，逐渐实行全民武装、军事管制的体制。在这样的体制下，全县所有的成年男女，无论工人、农民，除了参加工农革命军外，都需加入农民勇敢队、工人赤卫队、暴动队等组织，少年则参加少年先锋队，统一发放武器。

对于各类工农武装，陈恭、林蔚、陈觉等人设计了分工。赤卫队、勇敢队负责惩治土豪劣绅；工农革命军的任务主要是负责苏区边界警卫工作；苏区周围出入道口，都设有哨所和递步哨，重要山卡设立炮台；凡进出苏区，都必须持有盖"苏维埃""共产党""工农会"的介绍信，否则扭送当地审讯机关审问；苏区还对县城实行经济封锁，粮食、农副产品禁止送往县城，物资流通完全断绝。

受当时“左”倾盲动情绪的影响，醴陵苏区为报复在县城的豪绅提出的“出城五里，便要血洗”的反动口号，实行“杀绝土豪劣绅”政策，赤色政权威震全省。据此政策，各乡苏维埃、游击队大杀“反动派豪绅家室”。“每乡至少 30 多人，约共计杀死豪绅、反动派、侦探及其家室至少 1 万人。因为土豪劣绅大都逃亡外地求生，农民觉得动手迟了，未能杀绝大感可惜。”

同时，为了打破封建礼教和宗族观念，打倒所谓的神权、族权、夫权等旧观念、旧礼教、旧制度，树立新的社会风尚，醴陵苏区规定，各姓之间，不得形成任何宗族派别，一律平等相待、互信互助。聚众赌博、吸食鸦片、乞讨耍赖等社会恶习，更是被严厉禁止。苏区还严格实行男女平等、婚姻自由，只要男女双方自愿，“就可无条件成婚”，政府予以保护，社会上得到认可。苏区完全禁绝装神弄鬼、欺骗群众的迷信活动，对于愚弄人民的神像、佛像、菩萨像、神龛、匾额等，一律销毁。一时间，农民家中原本供奉的“天地君亲师”牌位也全部被拿下，纷纷换上了“中国共产党万岁”等红色条幅。

苏区的社会新风，得到群众的拥护与欢迎。一天晚上，陈觉和赵云霄披星戴月，连夜赶路，从阳三石步行30余里，来到泗汾的仓前开会。夜晚，他们投宿在当地农民的家里。陈觉进入农民家中，一眼看见农家神龛上的祖宗神位不见了，换上了红纸黑字书写的“中国共产党万岁”的标语。他高兴地问道：“老乡，你们不怕没有祖先神灵保佑，日子过不了？”农民诚恳地告诉他：“现在这里家家户户都不信神了，过好日子要靠共产党的领导，命运要靠农民团结起来斗争才会改变。”

醴陵苏维埃政权的建立，是继广东海陆丰苏维埃政权和茶陵县工农兵政府建立之后，中国共产党领导的建立革命政权最早的地方之一。它所制定、实施的方针、政策，对以后各根据地苏维埃政权的建设提供了借鉴，在中国政权建设史上有着很大的影响。这其中，陈觉、赵云霄作出了突出的贡献。

受苏联启发的“共耕制”

随着苏维埃政权的建立和巩固，在湘东特委的领导下，醴陵县委及陈觉等人，还大胆地推进土地革命，醴陵各个区、乡苏维埃和农会都设立了土地委员会。根据分工，陈觉和醴陵县委书记林蔚共同负责指导最为重要的南部各区的土地革命工作。他们跋山涉水，以泗汾地区苏维埃政权为中心，先后在沈潭、新田、东富、西林、大樟、船湾、栗山坝、贺家桥等地掀起“打土豪，分田地”的土地革命。

土地革命的目的是推翻几千年的封建地主土地所有制，实行耕者有其田，解放农村生产力。在醴陵苏区，由于大部分土豪劣绅已被镇压，一部分逃跑，土地分配是在“已无土豪劣绅踪迹”的情况下进行的。首先，苏维埃政府组织专门队伍，将过去土豪劣绅、贪官污吏剥削压迫工农群众的契约、凭据、簿册，一律当众焚烧。其次，将过去土豪劣绅管理、耕作的田地、山林、水塘、房屋以及宗祠庙宇等，全部没收，归苏维埃政府所有。陈觉的父母家，本身就是醴陵有名的富户，但他大公无私，以阶级利益为重，当地苏维埃没收他家田地时，他坚决表示赞成。父母的土地被没收后，托人向陈觉表达不满，埋怨他“出外多年不回来，现在回来了又挖家里的墙脚，真是个报应”。陈觉听后，置之一笑，态度坚定地说：“请你转告我家附近的乡亲们，分到我家的田只管种，还可以在土地上筑大路、垒塘坝、开水渠、养鱼放鸭，爱怎么搞就怎么搞，有官司打到我这里来！”

苏区没收的全部土地，由苏维埃政府设立的土地革命委员会领导农民群众进行统一分配。土地分配首先采取“分耕制”形式，由土地委员会组织丈量队，逐块土地丈量，确定面积、肥瘦，然后按照农户人口和原有土地情况，采取“抽多补少，抽肥补瘦”的原则，将土地分配到户并插牌署名为记。平均下来，每人可分得 1 亩以上，基本能够保障生活。采取“分耕制”形式分配的土地，大多在人烟稀少的边缘山区，土地、人口分散，不便集中管理。因此，将土地交由个人分别耕种，土地成果由个人支配，较为合理可行。

陈觉受十月革命后苏联农业合作化的启发，还在醴陵对土地革命进行了一些尝试。在人口稠密、土地肥沃的地区，他倡导试行了“共耕制”。实行“共耕制”的地方，在土地委员会领导下，将没收的土地与农民的土地一起集中，“共同生产，共同消费”。

“共耕制”的组织形式有两种：一种是以农民为主，成立“耕作委员会”，由 3 人至 7 人组成，推一委员长负责劳动组合与生产安排。委员长根据人口、土地、劳力的具体情况，再分成若干个耕作组，每组十人，设一组长领导集体出工生产。生产实行 8 小时工作制，统一作息时间，“同日而出，同日而入”。大家“共同生产”，除了土地、劳动力集中使用之外，其他农具、肥料、种子、耕牛、家禽等全部集中，统一调配。这种生产管理方式，目的在于破除私有观念，树立集体观念。

另一种组织形式是，以手工业工人为主，组

织“手工业委员会”。凡属泥水匠、木工、篾工、油漆工、石匠、织布、缝纫、理发、铁匠等，统由苏维埃政府登记，编成小组，由手工业委员会统一管理。当有农民家里要制家具、农具时，必须先报告委员会批准，再由委员会派木工或篾工去制作。手工业工人每天工作 8 小时，雇主只给饭吃，不给工资。

“共耕制”的粮食，由苏维埃政府统一管理、统一发放。“共耕制”的生产生活管理，也有严格的纪律。苏区提出“不工作不给饭吃”的口号，每个成员都必须服从指挥，不可懒惰怠工，不可违犯纪律。如有违反纪律，初犯则“严厉警告”，再犯则实施严厉处罚。“共耕制”的各种纪律十分严厉，执行起来也非常坚决，毫不留情。重典之下，组员无不相互规劝，坚决服从。甚至一些过去游手好闲的流氓无产者也被治理得规规矩矩，老实劳动，极少偷懒怠工。

醴陵的土地革命，体现、顺应了农民对土地的要求和渴望。其有关政策和做法为全国根据地的土地革命提供了重要经验。到 1928 年 4 月，全县有 37 个乡实行了土地分配，14 万农业人口分得 18 万多亩土地。

陈觉倡导、试行的“共耕制”，是特殊历史条件的产物。由于当时醴陵苏区在湖南一枝独秀，成为湖南反动势力的眼中钉、肉中刺，无时无刻不在策划“剿灭”苏区。在强大敌人的威胁下，苏区被迫建立全民皆兵的体制，实行“共耕制”，共同生产，劳力集中。这样，一旦遇有战事，便可迅速集中，统一调配。不可否认的是，“共耕制”也存在其问题，如侵犯部分中农和小资产者的利益；受思想认识和实践经验局限，导致脱离实际和群众的接受水平。总之，“共耕制”在当时没有其他经验借鉴的情况下，不失为一种大胆的尝试。

07

在革命低潮中不屈不挠斗争

醴陵苏区斗争遭到失败

醴陵苏维埃政权的建立和土地革命的开展及其对周边地区的示范作用，严重威胁着国民党在湖南的反动统治。1928 年 2 月，国民党颁布《制止共产党阴谋案》，规定“凡经审查确为共党之理论方法机关运动者，均应积极铲除，或预为防范”。湖南地方当局卖力执行，3 月相继颁布《暂行反革命治罪法》《共党自首条例》，并成立“铲共法院”。1928 年 4 月，湘桂军阀混战结束后，湖南反动当局又在长沙成立全省“清乡”督办署，以湘鄂临时政务委员会主席程潜兼督办、国民党三十五军军长何键任会办，派出正规部队共2万余人，加上地方“清乡队”等，四面包围醴陵苏区。他们叫嚣着“茅草过火，石头过刀”，准备对苏区进行血洗火烧的大“会剿”。

面对来势汹汹的敌人，4月8日，林蔚、陈觉等中共醴陵县委成员召开紧急会议。会议作出既要反击敌人又要保护自己的决策，同时制定了反“会剿”的具体办法。大家约定，首先以工农革命军和游击营为主力，试探敌人虚实。若敌人装备先进、队伍庞大，则保存实力，工农革命军和游击营向井冈山地区转移，余部则化整为零，分散隐蔽，不与敌人硬拼。

县委会议结束后，与会人员连夜离开，返回各地准备应敌。不幸的是，由于叛徒告密，与会人员在途中与前来抓捕的“清乡队”相遇。县委书记林蔚，县委常委、军事科长陈恭被敌人逮捕，数日后在醴陵县城状元洲英勇就义。包括陈觉在内的其他人员逃脱后，没能及时返回原地，导致醴陵苏区失去指挥中枢，县委决策未能贯彻。

敌人随后长驱直入，对醴陵苏区实施“宁可错杀三千，不可漏网一人”和“共产党员杀光、房屋烧光、财产抢光”的残暴政策。反动军队所到之处，“见人就捉、捉到就杀，烧屋示威、牵牛抢物，无所不为”。“醴陵南四区、一区被屠杀者达3000人”，其中共产党员1115人；申明、巷前、汪家桥3个村共有450人被杀害；只有108人的柴冲，竟被屠杀80人，仅有儿童与残疾人共28名幸免。革命最彻底的南四、南二、南三区，30里内尸横遍野，血流成河，数百村庄再无人烟。

屠杀持续半个多月，醴陵苏区被杀害的革命干部、党员达3000多人，群众1万多人，烧毁房屋1200多栋。中共醴陵县委及16个区委、350个党支部，100多个农会，5个区、178个乡苏维埃政府的党政军群组织全被摧垮。1500多人的工农革命军和游击队，除200余人转移到井冈山等地外，全被打散。县委书记林蔚，常委和县委委员陈恭、周不论、潘疆爪、孙小山、唐寄凡等及100多名区级干部被杀害，全县4200多名共产党员只剩下170多名转入地下斗争，经营半年之久的苏区全部沦为白区，革命斗争遭到惨重失败。

赴湘西特委工作

陈觉在逃脱“清乡队”的抓捕后，与赵云霄一同前往在长沙的湖南省委机关工作，与国民党开展地下斗争。此时，湖南省委机关刚刚遭受敌人的疯狂破坏，在动荡中坚持领导全省工作。1927年冬至1928年春，在中央“左”倾盲动错误的指导下，湖南省委仓促掀起全省的武装暴动，由于敌我力量过于悬殊，不仅暴动大都遭到失败，而且暴露了党的力量，招致敌人的疯狂报复。

在敌人的大肆搜捕下，1928年1月长沙灰日暴动失败后，湖南省委书记王一飞、省委秘书长李子骥、省委委员向钧、长沙市委书记涂正楚等一批重要领导干部先后被捕牺牲，省委常委何资深出走，省委领导机关陷于瘫痪，全省党组织顿失领导核心。与此同时，全省各地党组织也遭受重大损失，湖南党组织遭遇“马日事变”后的第一次大破坏。

为了恢复湖南省委领导机关，1928年2月，省委候补委员、妇委书记刘英代表省委赴上海向中央汇报湖南情况。中央听取汇报后，于3月初决定由任弼时到湖南担任省委书记。但因其他工作，任弼时未能来湘任职，贺昌一度被任命为书记。4月，中共中央临时政治局承认并开始纠正党内存在的“左”倾盲动错误，提出争取群众、建立城乡群众组织、巩固与健全党的组织是当前最重要的工作。5月初，中央作出《湖南政治现状与党的工作方针决议案》，提出白区党的工作应放在争取群众上，同时对湖南恢复发展党的组织作出具体指导。

5月20日，中央特派员贺昌在湘潭召集部分省、县党组织负责人开会，组织新的中共湖南省委领导机构。会上确定由杨福涛、宁迪卿、廖保庭、林仲丹、易庆和等任省委常委，杨福涛任书记。在杨未到职前，由宁迪卿代理书记，副书记廖保庭。会议决定将省委主要机关暂时设在湘潭，后迁至安源。省委机关重建后，根据中共中央政治局对湖南工作的决议，省委积极恢复与湘东、湘西、湘南等地党组织的联系，省委成员分赴全省各地，恢复改造党的组织，开展各项工作。

到6月间，由于省委工作人员李涤生叛变，省委常委易庆和在长沙被捕，旋即叛变。省委闻讯后，立即调整领导成员的分工，由廖保庭任书记。易庆和叛变后，供出省委在安源的组织机构情况。敌人得知后如获至宝，8月15日，何键亲率一个团从长沙赶赴安源，突袭在安源的共产党机关。省委因有防备，未受损失，但中共湘东特委和安源市委的10处机关则全部被破坏。省委机关随即迁往长沙。就在此时，陈觉被派往常德，参与组织湘西特委。赵云霄因已经怀有身孕，且是北方口音，容易引起怀疑，不便下乡，便留在长沙看守机关，负责与各地的联络工作。夫妻二人暂时依依惜别，但他们谁也没想到，再次相见时，却是在长沙的国民党监狱里。

陈觉不幸被捕

湘西地区自彭公达于1927年年底在常德建立湘西特委后，以石门、慈利等山区为基础，发动湘西暴动，建立了武装游击区。1928年3月，中共湘西特委书记彭公达因遭追捕离开常德后，省委决定由舒玉林代理特委书记。5月，根据中央指示精神，省委决定将湘西北特委合并于湘西特委。6月7日，省委作出《关于湘西最近工作的决议案》，对党的组织工作、职工运动、农村斗争以及在敌军士兵和会党中开展工作等问题作了具体部署，指出湘西工作的主要任务是以常德为中心，“发动广大的群众的斗争，一直发展到没收土地与建立苏维埃”。

为加强对湘西工作的领导，6月中旬，省委派巡视员李运钧前往常德，在河袱山召开特委扩大会议，组成以舒玉林为书记的新的中共湘西特委。在特委内部，还组建了军委、职委等机构。会后，陈觉随特委成员分赴各地，整顿组织，开展斗争。通过艰苦工作，湘西各县党的组织得到较快恢复发展，党员总数达 2100 多人。

7 月中旬，特委机关被破坏，舒玉林、蔡以忱等主要领导人先后被捕牺牲，幸存的特委领导干部刘泽远、王千祥等秘密转移至农村。陈觉则奉命坚守常德县城，以经营药铺为掩护，继续参与湘西特委的工作。然而，由于叛徒出卖，陈觉的行踪很快被敌人所掌握。

不久，敌人实行秘密抓捕，包围了药铺。陈觉发觉情况有变时，曾奋力破窗而逃。然而为时已晚，终因敌众我寡，不幸被捕。被捕后，陈觉在常德遭遇敌湘西“剿共”军事指挥陈嘉佑的初审。面对敌人的威逼利诱、审讯拷打，陈觉嗤之以鼻、毫不畏惧，将陈嘉佑骂得狗血淋头。陈嘉佑十分恼怒，但不敢擅自处决陈觉，只好派兵将陈觉转移至长沙。

08

大义凛然，坚贞不屈

湖南省委遭受又一次重创

湖南省委从安源转移至长沙后不久，1928 年 9 月 3 日，省委设在长沙浏阳门外杨家山的交通总处被敌人破获，交通总处主任陈海清等被捕。9 月 5 日，省委设在长沙丝茅冲的一处秘密机关又被敌人破获，省委巡视员李运钧和长沙县委委员袁汉臣被捕叛变，供出省委设在长沙北门外肺痨医院六号的总机关和设在火车北站、姚家港等地与湘东、湘西特委接头的秘密联络点。

李运钧、袁汉臣的叛变，使湖南省委在长沙

的所有机关和联络点遭到又一次毁灭性的打击，省委领导成员在省内无法立足，只好将机关迁至上海。省内留下省委秘书王首道、省委委员刘革非、省委巡视员徐少保等少数领导成员，分散在湘鄂赣边和湘西坚持斗争。省委机要员赵云霄因行动不便，被安排留下来负责传递情报、文件。

9月中旬的一天，赵云霄奉命出外送通知。在回机关的路上，不慎被叛徒发现，随后特务便尾随她，准备前往破坏机关。赵云霄回到住处，关上门不久便听到有人在外敲门。赵云霄见敲门者暗号不对，便首先不动声色地应付一番，然后小心翼翼地销毁所有留存的文件，再悄悄在窗口挂上报警信号，警示前来接头的同志。

处理完最后的工作后，赵云霄自知难以脱身，便镇定地打开了门，进来的两个特务对赵云霄说："是陈觉让我们来取文件的。"赵云霄说："我不认识陈觉，你们赶快走！"说完，便要把门关上。这时，两个特务知道自己伪装败露，便用手用力顶住门，露出狰狞的面孔，冷笑着对赵云霄说："那就麻烦你走一趟吧！"

随后，赵云霄被带到长沙“清乡”督办署。由于叛徒出卖，敌人早就知晓了她的许多情况。一个骨瘦如柴的审判官伸出树枝般干枯的手臂，举起一份卷宗，得意扬扬地说：“赵云霄，你不是一个寻常的共产党员，在莫斯科喝过洋墨水，从上海共产党的老巢来，你不简单啊！你和陈觉的情况，早已由我们立案了，你们自己人也把你的情况详细同我讲了。我看你还是老实说了吧！省得受皮肉之苦，也浪费大家的时间。”

赵云霄起初一言不发，等敌人的审判官说完，便狠狠白了他一眼，冷冷地回答道：“既然已经知道了，你就判吧！要杀要剐，都随你便！”说完，她坐在靠墙的板凳上，闭上双眼，任凭敌人审判官怎么发问，她都一言不答。审判官无奈，也不敢擅自对赵云霄用刑，只好命令几个士兵把她推上辆囚车，送往位于长沙福星街的陆军监狱署。

夫妻在狱中相逢

赵云霄被押到陆军监狱署半个月之后，10月初，又一辆押着共产党员的囚车停在长沙陆军监狱署的门前。囚车后面的铁门打开之后，先是从囚车里跳下几个荷枪实弹的国民党军警。然后，他们吆喝、拉拽着一个戴着脚镣手铐的青年下车。青年衣衫褴褛，头发蓬乱，满身伤痕和血污，每一步都走得极为沉重，但眼神里透露的却是顽强、不屈的目光。

这个青年就是赵云霄的丈夫陈觉。他自从在常德被捕后，日夜经受国民党军警的审讯和拷打，由于他始终没有松口，常德的国民党反动派无奈，便把陈觉押送至长沙，交由湖南省“清乡”督办署处理。

通过狱中党支部，赵云霄很快知道丈夫被抓、同样关押在长沙陆军监狱署的消息。她心急如焚，担心丈夫的安危。同时，她也知道，丈夫和自己一样，为了革命事业早已将生死置之度外。

湖南省“清乡”督办署会办何键得知陈觉被抓，认为陈觉是个“大有油水”的人物，因此对赵云霄也暂时不作处置，目的在于用妻子和腹中的胎儿为筹码，逼迫陈觉就范，供出湖南地下党和中共中央的秘密，以将湖南省委赶尽杀绝，向蒋介石邀功。

何键从陈嘉佑的报告中，得知陈觉铁骨铮铮，软硬不吃，因此便想了一条“妙计”，找来手下的一个醴陵籍的法官出面劝降陈觉。

永不叛党

陈觉被押至长沙陆军监狱署后，没有被立即投入监狱中，而是被带到省“清乡”督办署。卫兵将他带到何键家的后厅后，松开绳索，解除手铐、脚镣，然后让陈觉坐下，并奉上茶点。陈觉心知肚明，这是敌人的花招，因此不肯坐下，而是笔挺站立，等待敌人。

很快，一个穿长袍的秘书进来，把陈觉带进会客室，满脸虚伪地笑着，解释说：“陈先生受委屈了。今日何长官请你过来谈话，他还有点事，马上就来。请陈先生稍等片刻。”

隔了一段时间，从何键家的后花园那边快步走来一个满脸横肉、眼斜嘴歪、两肩耸起的家伙。陈觉见那人穿着一身中山装，胸口别着国民党党徽，一脸奸笑地向自己走来，一边走还一边套近乎说：“陈老弟啊！哥哥我来迟了。听说你在常德吃了不少苦，是我费了好大劲，才从那里把你要过来的。你看看，好险呀，差点让他们把你毙了。你说，要是你有个三长两短，我可怎么向令尊交代噢！”陈觉听了，侧眼看了一眼那人，没有说话。

那人也不觉得尴尬，笑嘻嘻地递上一杯热气腾腾的浓茶，硬拉着陈觉坐下。然后，便开始了一番自我介绍：“陈老弟，你可能不认识我，我可认识你呀！鄙人何彦湘，跟你同乡，都是在醴陵泗汾何家垅长大的。我同令尊景环公相识已久，那时候你还小，我记得还叫‘炳祥’，所以可能对我没有印象。哈哈哈……”

一番自说自话完毕后，何彦湘又开始皮笑肉不笑的低声对陈觉说：“陈老弟啊，你现在情况不妙啊！俗话说，美不美，山中水；亲不亲，故乡人。我们是老乡，自己人有话好说。但芸樵公（即何键）可不好惹。我可是赖着这张老脸，向他求了好几次，他才答应再给你一次机会。芸樵公刚才同我说了，你陈老弟有文化、有能力，是可造之材。只要你陈老弟肯把共产党的组织都供出来，我保证，芸樵公不仅立即释放你们夫妇，还会对你委以重任。到时候，你陈老弟加官晋爵，光宗耀祖，可别忘了老哥我今天一番苦心啊。”

陈觉依旧没有说话，只是静静地看着敌人拙劣的“表演”，他一边漫不经心地听着，一边不时从鼻子里哼了两声。当何彦湘讲到“加官晋爵，光宗耀祖”时，陈觉实在忍不住了，“腾”地一下站立起来，怒目圆瞪，双拳往桌上猛击，震得茶杯、糕点撒了一地。陈觉厉声制止何彦湘说：“住口！你这个无耻的东西，就不用白费心机替何键当什么说客了！想拖着我与你们同流合污，别说你认识我父亲，就是我父亲自己来了，那也办不到！我再说一遍，我们夫妻的性命，属于党属于人民。为革命牺牲，我们不怕！”

陈觉这突然的摔打和呵斥，顿时吓得何彦湘双腿一软，差点没能站住。他故作镇定，伪装出老成持重的模样，说道：“陈老弟啊，年轻有血性是好的。但是，凡事不要这样暴躁，要死还不容易，要好好活着难啊。我可是替你着想，替你那操劳半生的老父亲着想。令尊令堂年事已高，听说你瞒着他们出国误入歧途，都心急如焚，散尽家财也要保你二人性命啊！你还年轻，尊夫人又临盆在即。人生几何，一边是祖孙三代，其乐融融，享尽天伦之乐，还能成就一番事业，一边是替共产党白白送死，白发人送黑发人。陈老弟，你想想，哪个更好？”

陈觉已经打定主意杀身成仁，没有心思再继续听何彦湘絮絮叨叨。他“呸”的一声，一口唾沫吐在何彦湘脸上。随后，陈觉义正严辞地痛斥何键这些杀人不眨眼的刽子手，只图自己升官发财，不惜以屠杀无辜为职业，对共产党员和进步群众赶尽杀绝，干尽祸国殃民的坏事。何彦湘听了，脸皮红一块，白一块，脸上的横肉不断地抽搐，羞愧难当，便不再说话，退出了何键的会客室。

过了一会儿，之前满脸虚伪笑容的秘书闯了进来，身后带了几个凶相毕露的军警。秘书咆哮着连叫："来人啊，快给我把这个不识抬举的东西拖下来，给我狠狠打，打到他张口为止！"

09 高唱《囚歌》，英勇就义

狱中相见

陈觉再一次被拖进刑讯室，尝尽国民党军警的酷刑。敌人对他抽皮鞭、压杠子、拔指甲、灌辣椒水，甚至用铁丝穿透他的锁骨，他始终一声不吭，双目怒视敌人。敌人见状，只得将他拖回监狱。

包括赵云霄在内的狱中共产党员，都知道陈觉正在受刑。大家都怀着焦急的心情，注视着狱门的方向。过了很久，监狱的铁门终于打开，狱友们以关切的眼光注视着被打得血肉模糊的陈觉。

长沙陆军监狱署的男女监区之间，只隔着一条走廊。走廊这侧，赵云霄看到铁栅栏外被架进来的血肉模糊的人，正是自己日夜思念的丈夫，顿时心如刀割，几欲昏倒。她双手死死地抓住铁栅栏不停地摇晃，眼泪不由自主地唰唰落下来。她声嘶力竭地高声叫着陈觉的名字，悲痛万分。

奄奄一息的陈觉听到妻子熟悉的呼唤，不顾皮开肉绽的身体，挣扎着站起身来。他用尽力气推开军警，跌跌撞撞地向走廊扑去。还没走到铁栅栏时，他已支撑不住，摔倒在地。他倒在地上，隔着铁栅栏，双手拼命往前伸，终于拉住了妻子赵云霄的双手。两人双手紧紧握在一起，任凭军警的撕扯打骂，也不放开。这时，一旁的狱友们也纷纷鼓励他们，发出一片抗议声，谴责军警的暴行。

死刑判决

在此后短暂的监禁岁月里，陈觉和赵云霄身

处不同的监区。在狱中党支部和狱友们的帮助下，他们通过递纸条频频联系，互吐衷肠，互相鼓舞，互相激励，与敌人进行了顽强不屈的斗争。

不久，“湖南惩共特别法院”对陈觉、赵云霄的判决书发放到了他们的手中。夫妻二人均以所谓的“策划暴动，图谋不轨”的罪名，被判处死刑。“湖南惩共特别法院”1928 年 1 月成立于长沙，是国民党反动派专门用来对共产党员进行军法审判和镇压的地方。与陈觉、赵云霄同时被“湖南惩共特别法院”审判杀害的共产党人还有郭亮、盛发士、谭汉镇、刘光太等。

陈觉、赵云霄早已将生死置之度外，对死刑判决不屑一顾。然而，考虑到赵云霄腹中的孩子尚未出世，他们便让人向“湖南惩共特别法院”提出上诉，以赵云霄身怀有孕为由，要求待生下婴儿后再行刑。为此，国民党反动当局派了几名医生对赵云霄进行检查，确定属实。当局被迫同意赵云霄的死刑延期执行。

留下诀别书，慷慨就义

10月10日，离死刑判决书上行刑的日子越来越近了。陈觉在就义前，给妻子留下一封诀别书，写道：

云霄我的爱妻：

这是我给你的最后的信了，我即日便要处死了。你已有身孕，不可因我死而过于悲伤。他日无论生男或生女，我的父母会来抚养他的。我的作品以及我的衣物，你可以选择一些给他留作纪念。

你也迟早不免于死，我已请求父亲把我俩合葬。以前我们都不相信有鬼，现在则惟愿有鬼。“在天愿为比翼鸟，在地愿为并蒂莲，夫妻恩爱永，世世缔良缘。”回忆我俩在苏联求学时，互相切磋，互相勉励，课余时闲谈琐事，共话桑麻，假期中或滑冰或避暑，或旅行或游历，形影相随。

及去年返国后，你路过家门而不入，与我一路南下，共同工作。你在事业上、学业上所给我的帮助，是比任何教师任何同志都要大的，尤其是前年我病，本已病入膏肓，自度必为异国之鬼，而幸得你的殷勤看护，日夜不离，始得转危为安。那时若死，可说是轻于鸿毛，如今之死，则重于泰山了。

前日，父亲来看我时，还在设法营救我们，其诚是可感的，但我们宁愿玉碎却不愿瓦全。父母为我费了多少苦心，才使我成人，尤其我那慈爱的母亲，我当年是瞒了她出国的。我的妹妹时常写信告诉我，母亲天天为了惦念她的远在异国的爱儿流泪。我现在也懊悔此次在家乡工作时，竟不曾去见她老人家一面。到如今已是死生永别了，前日父亲来时我还活着，而他日来时只能看到他的爱儿的尸体了。我想起了我死后父母的悲伤，我也不觉流泪了。云！谁无父母，谁无儿女，谁无情人！我们正是为了救助全中国人民的父母和妻儿，所以牺牲了自己的一切。我们虽然是死了，但我们的遗志自有未死的同志来完成，“大丈夫不成功便成仁”，死又何憾！

此祝

健康！并问王同志好！

觉　手书

一九二八年十月十日

陈觉的诀别书，感人肺腑，其中饱含着一位革命志士宁为玉碎、不为瓦全的英雄气概，一位丈夫对相濡以沫妻子的款款深情，以及一位游子对父母无限的感激和思念。信中最后提到的王同志，就是陈觉的同乡好友、夫妻二人的结婚介绍人王希闵。王希闵从苏联回国后，也被派到湖南工作。在敌人的疯狂“清乡”中，王希闵不幸被俘，此时也被关押在长沙陆军监狱署。

4 天后的 10 月 14 日，是陈觉就义的日子。当日一早，刽子手将陈觉、王希闵等一批共产党员五花大绑，押出监狱，推上囚车。一路上，他们毫不畏惧死亡，而是放声大笑，相互勉励。众人对着沿途的围观群众，集体高唱《囚歌》，最后一次向民众宣传中国共产党的主张：

我们的革命有钢骨的意志，英雄的气魄。

我们要斩断道路上的荆棘，冲破黎明前的黑暗。

革命的暴风雨海啸般的狂吼，烈火般的燃烧。

叫一切不合理的制度毁灭，叫一切反革命势力死亡。

为了后一代的幸福自由，我们愿——愿把牢底坐穿；

为了庄严的共产主义事业，我们愿——愿流尽最后一滴血。

雄壮的《囚歌》歌声飞出车外，围观群众热泪盈眶。歌声在长沙上空回荡，久久不息，仿佛飘向渌江两岸、西山脚下，以及遥远的莫斯科郊外。随后，在长沙岳麓山穿石坡，一颗颗罪恶的子弹穿透了烈士们的胸膛。时年 21 岁的陈觉，带着“大丈夫不成功便成仁”的信念，壮烈牺牲了。

10

痛别幼子，从容赴死

启明诞生

赵云霄得知丈夫壮烈牺牲的消息，悲恸欲绝，多次昏倒在地。为了孩子能够顺利降生，她忍辱负重，继续在狱中坚持斗争。4 个月后的 1929 年 2 月 11 日，赵云霄在狱中诞下一名女婴。同监的狱友们十分疼爱小女婴，怕其受凉，便把她母女二人团团围住，为她们保暖。赵云霄经过与大家商议，决定给孩子取名为“启明”，寓意在黑暗中盼望破晓。赵云霄自知无法看到革命胜利的那天，因此将全部期望都寄托在孩子身上。

长沙陆军监狱署内关押着许多国民党反动派抓捕的革命志士。监狱里条件简陋，空气混浊，伙食粗劣，卫生条件极差，对抚养婴儿造成极大的困难。赵云霄长期营养不良，导致婴儿缺乏乳汁，经常饿得大哭，身体一开始便孱弱不已。

同时，凶残的敌人为了防止越狱，将牢房的铁窗修得又高又小，致使阳光很难照进牢房。因此，婴儿的尿布也无法晾干，赵云霄只好将洗完的尿布缠在腰上，垫在床上，用体温尽快暖干。尽管如此，还是使新生的婴儿得了病，留下病根。

强忍悲痛，留下幼子

启明出生后，赵云霄知道自己陪着女儿的时日不多，因此日夜抱着刚出生的婴儿，贴在自己的胸口，不停地爱抚。可是，永别的日子最终还是来了。小启明依偎在母亲怀中不过 1 个多月，灭绝人性的反动派就对赵云霄痛下杀手了。

3月24日，赵云霄被带至湖南省“清乡”督办署，再次接到“湖南惩共特别法院”的死刑判决书。她平静地接过判决书，搂着心爱的女儿亲了又亲，吻了又吻，一滴滴带着浓浓母爱的晶莹泪珠，连成一串串不停地落在小启明的脸上。当天晚上，赵云霄借着狱中昏暗的油灯，伏在床板上，带着万分悲痛，给刚降生不久的不幸女儿留下了一封遗书，向她诉说这“生命不可承受之痛”。

启明我的小宝贝：

启明是我们在牢中生了你的时候，为你起的名字，这个名字是很有意义的。因为有了你才四个月的时候，你的母亲便被湖南清乡督办署捕于陆军监狱署来了。当时你的母亲本来立时死的罪，可是因为有了你的关系，被督办署检查了四五次，方检查出来是有了你，所以为你起了个名字叫启明（与你同样出生一个叫启蒙）。小宝宝，你是民国十八年正月初二日生的，但你的母亲在你才有一月又十几天的时候，便与你永别了，小宝宝，你是个不幸者，生来不知生父是什么样，更不知生母是如何人。小宝宝，你的母亲不能抚养你了，不能不把你交与你的祖父母来养你。你不必恨我，而恨当时的环境。

小宝宝，我很明白地告诉你，你的父母是共产党员，且到俄国读过书（所以才处我们的死刑）。你的父亲是死于民国十七年阳历十月十四日，即古历九月初四日。你的母亲是死于民国十八年阳历三月二十六日，即古历二月十六日。小宝宝，你的父母，你是再不能看到，而也没有相片给你，你的母亲所给你的记念只有衣物及一金戒指，你可作一生的唯一的记念品。

小宝宝，我不能抚育你长大，希望你长大时好好读书，且要知道你的父母是怎样死的。我的启明，我的宝宝！当我死的时候，你还在牢中，你是个不幸者。你是个世界上的不幸，更是无父母的可怜者！小明明，有你父亲在牢中给我的信及作品，你要好好的保存。小宝宝，你的母亲不能多说了，血泪而成。你的外祖母家在北方，河北省阜平县，你的母亲姓赵。你可记着，你的母亲是二十三岁上死的！小宝宝，望你好好长大成人，且好好读书，才不负你父母的期望。可怜的小宝贝，我的小宝宝！

你的母亲于长沙陆军监狱署泪涕

三月二十四日

陈觉、赵云霄夫妇，在生命的最后时刻留下的给家人的书信，都贯穿着同样一条信念，就是牺牲个人，献身革命，为国家、为民族不计自己和家庭的得失。赵云霄信中那一声声“小宝宝”“我的宝宝”“我的小宝宝”的呼唤，无人听之不为之动容。这是一曲人间母爱的滴血绝唱，也是共产党人面对死亡的从容淡定和献身精神，更是一颗满腔真情、永远跳动、永远坚强的年轻的心。

3 月 26 日，当刽子手在监外高声点名，叫到“赵云霄”时，痛彻肝肠的生死离别又一次煎熬了赵云霄。她实在舍不得初到人世的婴儿，舍不得还露着可爱笑容的女儿。忍痛诀别之时，她给孩子喂完了最后一次奶。随后，将启明托付给狱友，方才整理容装，跟着刽子手，从容走向刑场……

烈士的身后事

陈觉烈士牺牲后，他的遗体由父亲陈景环亲手运出岳麓山穿石坡的刑场。为了不引起敌人注意，陈景环买了许多麻布裹在棺木上。在从长沙到醴陵240多里的盘旋山路上，陈景环独自一人推着独轮车，将儿子的尸体和棺木运回醴陵安葬。为了不被到处巡逻的“清乡队”看见，陈景环不得不在回家途中，选了一处偏僻的地方，忍痛将爱子草草埋葬。

几个月后，赵云霄也追随丈夫陈觉英勇就义。陈景环接到儿媳死讯时，赵云霄已经牺牲20多天了，他没能够找到赵云霄的遗体。陈景环只好将狱中的小孙女启明接回家中，同时找到一些赵云霄的生前遗物，为她修建了衣冠冢。2009年，当地政府将陈觉墓移葬至其老家，并重修赵云霄衣冠冢，合葬为一处夫妻墓。现为湖南省级文物保护单位和醴陵市爱国主义教育基地。陈觉烈士在牺牲前想和妻子赵云霄同葬一处的遗愿，在 80 多年后，终于完成。

可怜的小启明从小便失去父母，还经受了监狱暗无天日的折磨，体弱多病，4 岁时便夭折了。善良的祖母抱着启明幼小的遗体，口里不停地念叨："云霄会怪我，觉儿会怪我。"启明未能像母亲希望的那样长大成人，继承父母的遗志，成了陈家永远的遗憾。

血书照后人

在大革命失败后的革命低潮时期，许多中国共产党的优秀干部，群众运动的领袖，成千上万的共产党员、共青团员，革命的工人、农民、知识分子以及党外革命人士倒在血泊之中，被国民党反动派残忍杀害。汪寿华、萧楚女、熊雄、陈延年、赵世炎、夏明翰、郭亮、罗亦农、向警予、陈乔年、周文雍等党的著名活动家，为了人民的解放事业先后捐躯。本书的主人公——陈觉、赵云霄两位烈士，为了中国人民革命事业，也双双献出了自己宝贵的生命。他们的忠贞不渝、无私献身的崇高精神，永远值得后人铭记。他们在牺牲前所写下的那两封感人至深的给妻子、给女儿的诀别信，几经辗转，被幸运地保存下来，后存放在北京的中国人民革命军事博物馆。

如果人们透过玻璃橱柜，读着那已泛黄、破损的遗书，从遗书流畅工整的笔触中，丝毫看不到将死之人的恐惧，感受到的只是伟大的信念和炽热的亲情与爱情。尽管在当时，有许多不坚定分子动摇悲观，登报退党；有许多可耻败类公开向敌人忏悔，出卖同志，沦为叛徒。但这封遗书清楚明白地告诉后人，还有许多英勇无畏的中国共产党人并没有被敌人的屠杀政策所吓倒。他们在黑暗中高举革命的光辉旗帜，以鲜血捍卫了自己的誓言与信念。

尽管没能看见自己孩子的降生，陈觉却也深知为人父母的艰辛，他在诀别书里，提到了自己的母亲。他说："母亲天天为了惦念她远在异国的爱儿而流泪，我现在也懊悔此次在家乡工作时竟不曾去见她老人家一面，到如今已是死生永别了。”自古忠孝难能两全，当亲情与信仰发生矛盾时，陈觉毫不犹豫地选择了心中的信仰，正如他坚决赞成群众分自己家的田，不惜得罪自己的父亲。

尽管面对与父母、妻子、孩子的生离死别，陈觉的内心十分悲痛，但他以性命维护信念的决心却毫不动摇。他信中写道：“谁无父母，谁无儿女，谁无情人！我们正是为了救助全中国人民的父母和妻儿，所以牺牲了自己的一切。我们虽然是死了，但我们的遗志自有未死的同志来完成。‘大丈夫不成功便成仁’，死又何憾！”赵云霄也万分愧疚地对女儿说：“小宝宝，你的母亲不能抚养你了，不能不把你交与你的祖父母来养你。你不必恨我，而恨当时的环境。”陈觉、赵云霄这对革命伉俪的两封诀别书信，无时无刻不提醒着后人：有一种人生、有一种爱情，叫作誓死跟自己深信不疑的事情休戚与共。

两位烈士牺牲数十年后，他们在中山大学的老同学王辨老人得知他们的感人事迹后，写了一首《悼赵凤培、陈秉强二同志》诗，表达对学友的深切怀念之情。诗中写道：“闻讯惊呼热中肠，故人滴泪意彷徨。取义成仁完大节，芳姿绚丽比朝阳。”

历史将会永远铭记他们，人民也将永远铭记他们。

图书在版编目（CIP）数据

陈觉和赵云霄 / 张树军主编；徐嘉编著. --北京：学习出版社，2019.5（2021.5 重印）

（中华先烈人物故事汇）

ISBN 978-7-5147-0906-3

Ⅰ.①陈… Ⅱ.①张… ②徐… Ⅲ.①陈觉（1907-1928）—传记 ②赵云霄（1906-1929）—传记 Ⅳ.①K827=6

中国版本图书馆CIP数据核字（2019）第091164号

陈觉和赵云霄

Chén Jué hé Zhào Yúnxiāo

主编/张树军　副主编/王相坤　编著/徐　嘉

责任编辑：宋　飞　　封面绘画：邵家声
技术编辑：周媛卿　聂夏菲　　内文插图：庞先健
美术编辑：杨　洪　　组织绘图：上海志愿文化公司

出版发行：学习出版社
北京市东城区崇外大街11号新成文化大厦B座11层（100062）
010-66063020　010-66061634　010-66061646
网　　址：http://www.xuexiph.cn
经　　销：新华书店
印　　刷：北京盛通印刷股份有限公司

开　　本：787毫米×1092毫米　1/32
印　　张：4.625
字　　数：65千字
版次印次：2019年5月第1版　2021年5月第12次印刷

书　　号：ISBN 978-7-5147-0906-3
定　　价：18.00元